杜而未著

崑崙文化與不死觀念

國學難題解釋

臺灣學生書局印行

The Künlün Culture and the Concept of Immortality

by

Prof. John Tu Er-wei Ph. D.
National Taiwan University
Taipei, Taiwan (Formosa)

序

各民族的文化需要解釋，中國的文化也需要解釋；文化越古老雄厚，越需要解釋。爲明白現在，當明白過去；爲明白有史時代的文化，當研究原始時代。人類是一元的，爲明白此地文化，不免要參考彼地文化，有時只找得人不留神的幾句話，仔細玩味，可以打通很多的難解資料。爲學要廣博，但也要細心。當然爲主張一種新學說，要有證據，而且證據越多越好；如果證據很多，並且也很有系統，即可迫使作研究者拿出一定的主張來；主張不怕新，只怕證據不足。新的要比舊的好才算眞正的新。

爲澈底明瞭中國文化，應當用新科學方法，並且研究的範圍盡量擴大。依我們的見解，中國古籍中所有至今不能解釋的難題，多可用月亮神話和月神宗教作解釋。不用這種方法，是歷代解釋古書失敗的一部分原因；不用這種方法，是古人對於自已的注釋有些不放心的原因；不用這種方法，是過去學者對於一些問題闕疑的原因。

崑崙文化與不死觀念，是一個不易明白的資料系統，我們不揣固陋，要把這些資料研究一下，因爲至少在主觀上，認爲有些成功的希望。

崑崙文化是崑崙神話連帶出來的人生哲學，當然，先當說明崑崙神話本身的原義，然後才可以談屬於崑崙的文化。崑崙是月亮神話，其他相關資料也當屬於這樣的神話才對。事實上也果然如此。

不死觀念屬於仙道文化，也和月亮神話相關。古人有靈魂不死的觀念，但仙道文化又特別主張肉體也不死，以爲整個的人，可以得到長生不死的命運。這種希望，有原始文化上的根據。當然，不死不是事實，但不死觀念是事實，古人眞信人可以不死；崑崙仙境不是事實，但崑崙仙境的信念是事實，所以，我們研究的不是事實，而又是事實，因爲這種精神文化的確存在，而且在人生哲學上要重要角色。

崑崙文化與不死觀念，是在月神宗教中發展的。研究古代宗教，可以明白古代文化；研究古代文化，也往往可以歸納到宗教上，崑崙文化是一好例。

崑崙文化中含有仙意，不死的觀念也離不開崑崙文化；即便是實際崑崙和許多其他山嶽，也都因文化發展染上了仙意。山和仙兩種意義實在不易分開。崑崙是山，仙道文化也離不開山，所以，如果說我們談的是山的文化也無不可，當然以神話的山爲基礎。本書資料充滿了仙山意境。

文化越演越複雜，有時竟可與事實不符，但無論如何，文化之爲文化，它的本身是存在的；若只以研究歷史的眼光觀察文化，有時不能明白文化。仙道不死不是事實，但屬於實際的文化。月亮神話是明白這文化的唯一方法。

我們引用的資料不少，但所作的解釋似乎都是積極的、科學的，如果許可的話，我們有些欲發前人所未發的企圖和努力，希望能作到新穎正確。

本書內容，大部分已在刊物發表，（現代學人第一期，自由太平洋第六十五期，恆毅月刊十一卷六期至十一期）今並將尚未發表各篇集合刊行，命之曰「崑崙文化與不死觀念」，意在解釋國學難題，並宣揚中國文化。敬祈中外學者惠然賜教，以匡不逮。

民國五十一年三月著者識於臺北市

崑崙文化與不死觀念 目錄

第一編　神話崑崙與實際崑崙

杜而未著

第一章　神話崑崙意義的發明

我們在著了「山海經神話系統」一書後，即想再將崑崙問題發揮一下，因爲拙著中關於崑崙只有數百字。爲明白崑崙一詞究竟是什麼意思，似當先研究崑崙在神話中是什麼意思。能得到崑崙一詞的意思，才能解釋崑崙神話的敘述。

「崑崙」決不是中國專有的名詞。人類是一元的，這一民族的文化現象不能解釋時，往往可以利用他一民族的資料得到解釋。現在我們把神話崑崙及崑崙神話的意義發明一下，目的是爲解決古籍中的難題，發揚中國的文化，並介紹古人理想中的人生觀。神話學是新興的人文科學，它似乎有些新力量，可以幫助我們達到研究的目的。

崑崙神話說明古人除看重物質生活外，也很看重精神生活，宗教生活。古代文化的發展藉重宗教的力量實在不小，我們可以說崑崙神話是建築在宗教的基礎上。

本文次序：一、崑崙之丘及其種種，二、特論崑崙的字義，三、僕纍蒲盧解釋。四、大荒西經的崑崙描述，五、海內西經的崑崙描述，六、十洲記的崑崙描述，七、列子中的崑崙描述，八、崑崙神話與修仙意義，九、結論。

一、崑崙之丘及其種種

山海經有崑崙之丘，崑崙就是神話中的月山，月山和月神有分不開的關係。崑崙在神話中是一個理想的美妙境界。我們的主張當然應當得到證明。

山海經西次三經：「西南四百里曰崑崙之丘，是實惟帝之下都。神陸吾司之，其神狀虎身而九尾，人面而虎爪，是神也司天之九部，及帝之囿時。有獸焉，其狀如羊而四角，名曰土螻，是食人。有鳥焉，其狀如蠭，大如鴛鴦，名曰欽原，蠚鳥獸則死，蠚木則枯。有鳥焉，其名曰鶉鳥，是司帝之百服。（郭注：或作藏。案服當作藏）有木焉，其狀如棠，黃華赤實，其味如李而無核，名曰沙棠，可以禦水，食之使人不溺。有草焉，名曰薲草，其狀如葵，其味如蔥，食之已勞，河水出焉，而南流，東注于無達。赤水出焉，而東南流，注于氾天之水。洋水出焉，而西南流，注于醜塗之水。黑水出焉，而西流于大杅，是多怪鳥獸。」

崑崙之丘即崑崙山。不但崑崙為月山，山海經的一切山都是神話中的月山。（參閱拙著山海經神話系統，頁九—三三，一一八—一三二）譬如，該經中有「光山」、「涿光之山」、和「譙明之山」，又有「員丘」（註一）及「不死之丘」。（註二）山是光、員的。西次三經槐江之山條說：「南望崑崙，其光熊熊。」但光明的神話山必為月山麼？無疑是如此。郭璞圖讚：「崑崙月精，水之靈府，惟帝下都，西老之宇，嵥然中峙，號曰天柱。」（註三）崑崙是「月精」，論衡順鼓篇：「眾陰之精，月也。」上帝有濃厚的月神意味，西老（西王母）也是神話中的月神。（見拙著中國古代宗教系統頁八三—九七，一六一—一六二）海內西經郭注以崑崙「去嵩高五萬里」，穆天子傳郭注引淮南子又以「崑崙去地一萬一千里。」誠然是「嵲然中峙。」我們要知道，崑崙不是地上的山。（註四）

崑崙是月山，爲「天帝都邑之在下者也。」（郭注）可見天帝尚有更高的都邑，比月山更高，也可見上帝之爲月神（住在月山）是演變爲月神的。上帝居住在月山，但穆天子傳（據郭注引）又以「黃帝之宮」是在「崑崙之丘」，這一點，可以證明筆者所主張的黃帝即上帝的演變是不錯的。（見上述拙著頁八四—八八，一二四）郝懿行不明白神話學，從他下邊的話可以看出，他說：「或據穆天子傳崑崙丘有黃帝之宮，以經所說即黃帝之下都，非也。五藏山經五篇內凡單言帝即皆天皇五帝之神，並無人帝之例。」郝氏不明白黃帝是誰當然可以原諒，因學者都不明白。但西次三經崑山條所說的「黃帝」，即是在月山神話中活動，毫無疑義。（同上拙著頁四七）（我們談神話的崑崙不能免掉談宗教和神話是自然的）。

崑崙是「帝之下都」。這個都邑，有「神陸吾司之，其神狀虎身而九尾，人面而虎爪。是神也司天之九部及帝之囿時。」郭注：「即肩吾也。莊周曰：肩吾得之，以處大山也。」月山是「世界大山。」不少民族有世界大山神話，但學者對於這種神話尚沒有得到解說。（易經謙卦：「地中有山」即此大山）莊子大宗師釋文引司馬彪云：「山神不死，至孔子時。」（見郝疏）山神不死，但也說有「不死之丘」。月亮不死，死而復生，山神虎身虎爪，並有九尾，「司天之九部」，「虎」與「九」數字都屬於月亮神話。（拙著山海經……頁四九—五一，七三—七四）「帝之囿時」郝讀「時」爲時，月神（帝神）的囿時也指月面，山海經充滿了神話中 Tautology 的演繹法，崑崙是一個縣圃。（註五）

崑崙之丘有沙棠木，吃了沙棠菓可以「使人不溺」。不溺的神話和月亮相關，淮南畢萬術：「取蜘蛛二七枚，貯甕中，合肪百日，以塗足，得行水上。」大洋洲有以蜘蛛爲月蟲者。蜘蛛二十七枚當亦與月亮相關，二十七爲月亮出現的天數。吃「蓍草」可以「已勞」，月草也不宜和尋常的草一樣。「其狀如蠭」的「欽原」鳥，「蠚鳥獸則死，蠚木則枯」，欽原和「食人」的「土螻」獸都是月鳥、月獸，都和貪食無饜的「饕餮」（左文十八年）有同樣意味。饕餮即 Taotie（苗族語：月亮）。

如果崑崙的描寫只談月山必很單調，但尚有月神、月獸、月鳥、月木、月草來點綴，成了一篇美妙的神話文章。從這一篇的描寫，我們可以明白崑崙的確爲月山。當然所有的描述，不必指同一月形。

山海經和易經有不少基本關係，因二書皆以發揚月神宗教或月亮神話爲目的，只是發揚的方式不同而已，山海經充滿了月山、月水，易經也有月山、月水的叙述，當然談月水（如言大川）時較多，談月山很少。由崑崙所出的水有如下述：「河水出焉而南流，東注于無達」。（阿耨達山的水）這只是神話利用了無達的名稱。爾雅以「河出崑崙虛，色白。」李賢注後漢書引河圖云：「崑山出五色流水，其白水東南流入中國，名爲河。」（郝疏引）河水色黃，爲什麼說是白水？此外爲什麼又有「赤水」？赤水「注于氾天之水」。大荒南經「有氾天之山，赤水窮焉」。海內北經：「崑崙墟南，所有氾林，方三百里」。又海內南經：「氾林方三百里」。海外北經：「范林方三百里」。氾爲山、水、林名，氾林方三百里。（三數爲月數字，見拙著山海經……論三數字）海外南經以「赤水上有三珠樹」，（月樹，世界大樹）莊子天地篇以「黃帝遊乎赤水之北，登乎崑崙之丘」。赤水、氾天之水、三珠樹、黃帝、崙崑，無一不是月亮神話。

「洋水出焉，西南流，注于醜塗之水」。洋「或作清」。（郭注）案「清」即「青」字，大荒南經郭注死塗山條：「青水出崑崙」。青與白、赤、黑共爲四色。醜塗山「在南極」。（郭注）不知道神話山在何處，只好說它在人們不知道的地方。「黑水出焉，而西流于大杅」。穆天子傳：「乃封長肱于黑水之西河，是惟崑崙鴻鷺之上」。（郭注引）郝氏以爲穆天子傳今本無崑崙二字，以郭注蓋衍。黑水（或黑水之西河）就等於崑崙鴻鷺的水。鴻鷺即崑崙（音同）。所謂崑崙衍文，約是古人對「鴻鷺」作注釋，衍入正文者。黑水與白、赤、青水俱爲月水。

我們已證明過了，五帝（五月神）是上帝（月神）的演變；五帝本爲四帝，黃帝是獨自從上帝演出，後來與四帝連合，始有五帝。（拙著中國古代宗教系統，論五帝，頁九八—一〇一）五帝爲青、赤、黃、白、黑五色，四帝爲青、赤、白、黑四色。這些色別是從四季的月色興起的（其中原因，可參閱上述拙著頁一〇〇）四個月神（四帝）有四色別，青帝屬東方，赤帝屬南方，白帝屬西方，黑帝屬北方。同樣，山海經南山經的月山及其一切，偏重赤色，西山經及其一切偏重白色，北山經及東山經的一切偏重黑、綠（青）色。（拙著山海經……頁四—八）

那麼「崑崙之丘」的四條水也即得到解釋。南次三經的丹穴之山，「丹水出焉」。北山經單狐之山的「泑水」，以及錞于毋逢之山的「浴水」，都是黑水（郭注）。東山經的碧山「多碧水玉」，孟子之山「有水出焉，名曰碧陽」，旄山有「蒼體之水出焉」。西山經似未明言白水，但白色的東西在此經特別顯著，連神也是白的，「長留之山，其神白帝少昊居之」。又海外經有「白民之國」。西次四經的鳥山，「辱水出焉」。辱水是否暗示蓐收（白帝）？大荒南經「有白水山，白水出焉」。爾雅以「河出崑崙，色白。」

為什麼說從崑崙出來白、赤、青、黑諸水？這是描述月水，與易經的「大川」有同樣根據。山海經有

「白於之山」、「丹穴之山」、「青丘之山」及「泑（黑）山」，也有白、赤、青、黑之水，這是月山和月水。河水（白水）南流，東注于無達，是秋天的上弦前後月形；赤水東西流，是夏天的上弦前後月形；洋水（青水）向西南流，是春天的下弦前後月形；黑水西流，是冬天的下弦前後月形。秋白、夏赤、春青、冬黑（見拙著山海經……山海經的四季問題）

海內西經的崑崙之墟以「赤水出東南隅，以行其東北，西南流注南海」。「河水出東北隅，以行其北，西南又入渤海。又出海外，即西而北；入禹所導積石山。洋水黑水出西北隅，以東東行，又東北，南入海。弱水、青水出西南隅，以東又北，又西南」。這些紊亂說法，只可證明年代已在後了。

以上所述，是為證明崑崙山和崑崙山所有的一切，都是月亮神話。

二、特論昆侖的字義

山海經的崑崙是月山，毫無疑義。現在為更清楚起見，再證明崑崙的字義原指月亮。崑崙一詞是遠遠超出中國地面的。今先把諸民族關於月亮的名稱列出，然後作一比較

台灣及中國西南（註六）

表一

部族	阿美族	排灣	卑南	西藏人	玀玀	備註
月亮名稱	bolad, bulad, volad, vulad, phudal	gelas, gilas,	bulan	zla da(ua)	hlo, hlo bo, hro bo,	玀玀稱月亮為 hlo, 或hlo bo（月山），月亮和月份同稱為 hlo, hleu, poulo, poulo 一語與卑南、阿美語極似。

印尼（註七）

表二

地名	婆羅洲	爪蛙	蘇門答臘	塞利拜斯	塞拉木	弗落萊斯	第摩爾	布魯
月亮名	bulan	bulan	gulo, bulan	bulan koloa	bulane, wulau, hulan	wura	bulan, funan fulan	hurano

印尼及大洋洲等地（註七）（註八）

表三

地名	萊第	毛亞	其薩爾	勞第	亞勞爾	馬來	Palau	Polynesia	Madagascar
月亮名	wulla, wulle	wolla, wolle	uru. wulan	uru, wulan	uru	bulan, wura, funan, fonan, porang	kuling, gorakiru	wulan kalau	volana. bolana

備　註：kalau 爲薩毛亞的月神。馬來語 bulan-bulan 指月一輪，又以 lintah bulan 指蝸牛。Porang 神（月神）住在月中，字義爲月亮。Madagascar 土人稱新月爲 Tsinam- bolana, 稱月光爲 Dia volana.

各地（註九）

表四

地名族名	Melanesia	Melano-Polynesian	Hoka（美洲人）	印度	波斯	巴萊斯定	巴比倫	Lemitic
月亮名	waarowaro, Kalau, punan	hura, ola	hulla, hala	Varuna（漸長之月）	ghurrah（圓月）	Jeru(salem) hilal（新月） Jeri（cho,） uru	Ur, uru	hallala

澳洲（註十）

表五

地名	東南澳洲	西南澳洲	Cook 區域	Halifax-Bay一帶	東澳洲
月亮	balu, bahloo, gilli, gilan, Mura-mura	pira, vilara	bullanu	balan, bulano, kira	killen, gillan, gulandar, gulawá, kakura

表六 澳洲（註十）

地名／語言	北澳洲	北中澳洲	Kuri	Kamilaroi
月亮	karon, pala, kullegea, korana, (l) ali, badungara, gabadon	kagera, kugera, bullanu	gilan giwan	gille, gilli, balu, gillei

備　註：badungara, 當是 (ga) badon十gara

表七 澳洲（註十）

語言	Narrinyeri	Bungyil	
月亮	kakura, markeri	kagera, kunokuno	

以上各地的月亮名稱，當皆有淵源關係，但經過長久時代的演變，不免在發音上有些變更，但變更總似不太多，我們可以分三類來看，一、bolad, bulad, bulan, bolano, balu, bahloo, balan, bulano, bullanu, pala, pira, 可爲一類。二、wolad, wulad, wulan, wura, wolla, wolle, wolla, vilara, waarowaro, ola, uru, ur, (jeru) (jeri) 又可爲一類。三、Karon, hulan, hurano, kalau, koloa, kuling, ghurrah, kura, hulla. hilal, hallala, hlo, gilas, gelas, gilli, gilan, gille, gillei, kuno-kuno, kira, korana, 等，爲聲音相似「崑崙」的一種，(h=k=g) 崑崙的確也就是這一類字的譯音，古代中國定有稱月亮爲「崑崙」的地面。試看 karon, kalau, ghurrah, kuling, kura, hulan, gilan-gillen 諸字，多與崑崙聲同，麒麟是月獸，我們已證明了，(拙著山海……論靈獸頁七二—七三) 麒麟也就是 kuling, gilas, gilli, gillen 一類字的譯音。

Kakura (表五、表七) kagera, kugera (表六、七) markeri (表七) 的 ka, ku, mar 都是 particle, kura, gera, keri 是字根。此外，尙有重疊字如 Mura-mura, kuno-kuno (關於重疊字尙有其他字可談見下文)。澳洲並有 Kulin 族。

Hulan, hurano, (表二) hura, hulla, hallala (表四) 也是崑崙，崑可讀爲混，周禮大司樂釋音云：「崑崙本又作混淪，各依字讀。」王筠蛾術編卷上：「梁惠王下，混夷音昆，大雅緜亦作混，皇矣串夷鄭注亦云：釋文並音昆，今本直作昆。(三七頁) 又王筠禹貢正字：「並依史、漢改崑崙者，渾淪也。」(十九頁) 渾 (混) 和昆聲相亂，不但在中國如此。

現在我們覺得，中國文化有不少原始成分，這成分並且相當複雜。譬如，上述三類意爲「月亮」的字，在古代中國都尙有些痕迹。山海經有「荀林之山」(中次五經)，「支離之山，董理之山」(中次十一經)，「求如之山」(北山經) 荀林、支離、董理、求如、都似倣照「昆侖」之音爲名者。山經作者似乎不斷留神使用「昆侖」聲音，如南次三經禱過之山給鳥起名叫「瞿如」，（註一一）北山經譙明之山給魚起名叫「何羅」。這些名稱聽來生疏，定當有現成的名詞在背後。穆天子傳與山海經內容有密切關係，我們已證明了。（拙著山海……穆天子傳與山海經章）該書卷二：「至於瓜纑之山，三周若城。」瓜纑當即「加陵」，爾雅釋地：「陵莫大於加陵」。郭注及邢疏對於「加陵」都說未聞。瓜纑山的所在，郭注也說未聞。按瓜纑、加陵都是昆侖（月山）的音轉，管子地數篇：「蚩尤受葛盧山之金，而作戟劍鎧矛。」葛盧即瓜纑。（蚩尤即共工，「共工天神也，人面蛇身」見淮南子墜形訓注）淮南子修務訓的「蒙籠」山，高誘以為即「葛藁」山，葛藁明即葛盧，蒙籠實即矇朧（形容月，實即 mura-mura）漢書郊祀志：「有天淵玉女，鉅鹿神人。」鉅鹿神人即月神。我們也證明過了，所謂「勾龍」也是「昆侖」的意思（註一二），不過依月神言之而已。（拙著宗教系統頁一二三—一二七）

以上是關於 karon, gillen 等字音的遺蹟。

關於 Uru, wulan 的遺蹟有下述資料為證。山海經東次四經有「吳林之山」，北次三經有「維龍之山」，「謁戾之山」，當都依 Uru, ali, wulan 等字音名了月山。穆天子傳卷六的「五鹿」，郭注：「今元城縣東郊有五鹿墟」。無論「五鹿墟」的命名是否原於穆天子傳（大約如此），但「五鹿」為墟當即崑崙之墟，因該書是一部月亮神話。至於中次三經的「武羅」神，看守度朔山的「鬱壘」，（五帝本紀正義引山海經）都是以 uru 為月神的譯音。金樓子卷五：「管仲曰：臣聞山神有俞兒，（註一三）狀長一尺而人形，見此，霸王之君興，則山神見也，走馬前導之也。」（案管子作登山之神有俞兒者）俞兒即 ur, uru 亦即「無路」，神異經西北荒經：「西北海外有人長二千里，兩脚中間相去千里，腹圍一千六百里，但日飲天酒五斗，不食五穀魚肉，唯飲天酒。忽有餓時，向天仍飲。好遊山海間，不犯百姓，不干萬物，與天地同生，名曰無路之人。一名仁，一名信，一名神。」無路、俞兒、武羅同是月神（註一四）。「信」字在神話中是指月亮說的，老子二十章以道（月）「中有信」，鶡冠子泰鴻篇明明的說：「月信死信生。」「無路」在「西北」荒經，「天道（月）多在西北」。（左襄十八年傳）「無路」、「武羅」、「俞兒」都是山神（月山神），這是應當注意的。

山海經海外東經吳注引金樓子：「虞吏、虎也」。爲何稱虎爲虞吏？虞吏即uru, ali 又等於「俞兒」字音。虎爲月獸。（拙著山海……頁七四）越絕書卷六：「帶步光之劍，杖物盧之矛」。月也有時像矛。以上是關於 uru, wulan 等字的遺蹟。下邊關於 bulan, balu, mura 等字音說幾句話。

在上文我們看見了，高誘以「蒙籠」山就是「葛蒙」山，以 m＝k（g），但 m 也等於 b（p）是顯然的。

山海經五臧山經的「山」，有時在海外、海內經即稱爲「國」，如南山經青丘之山，在海外東經稱爲青丘之國，西次三經有軒轅之丘，海外西經有軒轅國。海內南經有伯慮國，當與西次四經白於之山相呼應。（y＝l）伯慮、白於＝balu。此外，東山經有鳧麗之山，西山經有符禺之山、海內東經有鮒魚之山，都是balu, bulan 的字音。（f＝b, y＝l）總之，一部山海經整個是月亮神話，還能不用些關於指月亮的字音麼？

穆天子傳卷六：「天子南祭白鹿于漯□」，白鹿當爲月神（balu），因爲周朝不祭白色的鹿，漢書郊祀志：「覽觀縣圃、浮游、蓬萊」。蓬萊是神山，又和縣圃連言，定指 bulan 月山。（可見下文）

唐段成式劍俠傳崑崙奴條：「唐大歷中，有崔生者，（去拜訪一品，因一品病了。回別時，一品）命紅綃（妓）送出院，時生回顧，妓立，三指，又反掌者三，然後指胸前小鏡，子云記取，餘更無言。（崔生沒有明白紅綃的意思）時家中有崑崙奴磨勒，（爲崔生解釋隱語說：）立三指者，一品宅中有十院……，此乃第三院耳，反掌三者數十五指，以應十五日之數；胸前小鏡子，十五夜月圓如鏡，令郎君來耳。」

磨勒是崑崙奴，胸前有鏡子，象徵月亮。磨勒一名不似爲尋常名稱。是否外族人？磨勒的知識和月亮緊緊相關，他的名稱也像和 bulan, balu 同音。(m=b) 按非洲有月神名叫 Moloch (Carthogo)。磨勒也頗似「朦朧」音。

三、僕纍蒲盧解釋

屬於「崑崙」一類的字音，中國資料多與原始語言相合，特別與大洋洲一帶相合，這似乎不是偶然的，不少學者以中國古代文化與大洋洲有關係。今從「僕纍蒲盧」一詞說幾句話。

中次三經青要之山多「僕纍蒲盧，䰠武羅司之。」我們已說過了，武羅就是 (Uru, wulan) 月神。「僕壘蒲盧」也像是翻譯的名詞。郭注：「僕壘、蝸牛也。爾雅曰：蒲盧者螟蛉也。」中庸：「夫政也者、蒲盧也。」鄭注：「蒲盧蜾蠃，謂土蜂也。」詩小宛：「螟蛉有子，蜾蠃負之。」毛傳：「螟蛉，桑蟲也；蜾蠃、蒲盧也。」郭注釋蟲以蜾蠃蒲盧即細腰蠭。有以蒲盧爲細腰蠭者，有以之爲土蜂者，二者還差不多。但蒲盧（蜾蠃）尚有別的意思，夏小正傳曰：「蜃者，蒲盧也。金氏曰：蜃、大蛤也。黃氏曰：古人

凡圓而長者皆謂之蒲盧，亦謂之果臝，故謂大蛤爲蒲盧。」（夏小正正義）

釋草：「果臝之實栝樓。」則果臝又爲樹木。釋魚的魁陸也即蜾臝，郭注引本草云：「魁狀如海蛤，圓而厚。」邢疏：「本草蟲魚部：魁蛤一名魁陸。」圓形者也謂之蒲盧，因蒲盧即果臝。僕纍蒲盧有不少意思，但蛤和蝸牛的意思比較爲主要的。郭注西次三經槐江之山的臝母說：「即蠑螺也。」郝疏以「蠑螺即僕纍，字異音同。」本草綱目以「蝸臝」連言。蝸牛（註一五）蜃蛤在月神話要不少角色，因它們也實在與月相關。我們在上文看見了，馬來語以 **lintah bulan** 指蝸牛。鶡冠子天則篇：「月毀於天，珠蛤臝蚌虛於深淵。」呂氏春秋精通篇：「月望則蚌蛤實，羣陰盈；月晦則蚌蛤虛，羣陰虧」。淮南子墜形訓：「蛤蠏珠龜，與月盛衰。」天文訓：「是以月虛而魚腦減，月死而臝膲。」說山訓：「月盛衰於上，則臝蛖應於下，同氣相動。」因蜃蛤和月亮有關係，所以古代即用蜃肉祭月神，謂之「宜社。」（拙著宗教系統頁一二八）

古代有蜃、臝、蠡等字，爲什麼用「僕纍果臝」（山海經）、「蒲盧果臝」（鄭注中庸）「蒲盧蜾臝」（家語）的怪名字？所以這必是翻譯了現成名詞的聲音，不然，「僕纍」那有蝸牛的意思？「蒲盧」又那有蜃蛤的意思？

只由月亮神話才知道蒲盧蜾臝爲螟蛉、爲蜂、爲蜃、爲魚又爲木，夏小正十月：「雉入於淮爲蜃。」傳曰：「蜃者蒲盧也」蒲盧爲月亮神話，不然，爲什麼雉可以變爲蜃呢？月形如雉又如蜃。

又蒲盧果臝的意義甚爲廣泛，「古人凡圓而長者皆謂之蒲盧，亦謂之果臝。」可見沒有一定的意思，蒲盧果臝不是尋常名稱。

果蠃即蒲盧（見上文），蒲盧與僕纍的關係，見於郝疏（青要之山條）：「蒲盧聲轉爲僕纍，即蜾蠃也。郭注西次三經槐江之山云：「蠃母即蝶螺是矣。又聲轉爲蚹蠃，即蒲蠃也。吳語云：其民必移就蒲蠃於東海之濱是矣。是僕纍蒲盧同類之物。並生於水澤下濕之地。」僕纍蒲盧似原與蒲盧果蠃原爲一詞，最重要的理由，是二者都指與月亮相關的東西。

詩小宛釋音云：「蜾音果，蠃、力果反。」釋文：「蠃、力果反。」西次四經邽山：「蠃魚」。郭注「音螺」。說到這裏，我們以爲「蒲盧蜾蠃」即等於臺灣阿美族的 **Billugalau** 和澳洲人的 **Byallaburra** 等字，因爲這兩句話都是月亮的意思，因此，也都是月神的名稱。

如果我們將阿美族的神名與澳洲幾個部族的神名作一比較，不但可以明白 **Billugalau**，也可解釋澳洲神話中所有的幾個重要角色。

澳洲的 **Euahlayi** 部族，以 **Byamee** 神有二妻，一名 **Birrahgnooloo**，爲人類的女祖，一名 **Cunnumbeillee**。**Byamee** 尙有一兒(或兄弟)叫作 **Baillahburrah**、**Wiradjuri** 部族稱 **Cunnumbeillee** 爲 **Gunnanbeely**、**Kamilaroi** 部族稱 **Baillahburrah** 爲 **Byallaburra**。

但 **Birrahgnooloo** 不和 **Byamee** 性交生子。**Baillahburrah** 不是由婦女生的，在人類出現之前並在 **Byamee** 來澳洲前已經有了他。這樣看來，**Byamee** 的妻兒資格，並不次於 **Byamee**，有時還想超過 **Byamee** 去。

Birrahgnooloo, Baillahburrah, Byallaburra, Cunnumbeillee, Gunnanbeely 與阿美的 Billugalau 當原爲一神。這些名稱，明明是由 balu, bulan, pira, hurano, wulan' 重疊起來的，譬如，

Baillahburrah 和 Byallaburra 是bulu (pira)，bulan 之重疊，Birrahgnooloo 和 Billugalau 爲 pira (balu) 及 hurano (wulan) 之重疊。

Cunnumbeillee 及 Gunnanbeely 明爲 Birrahgnooloo 及 Billugalau 之顚倒式，正寫過來即爲 Beillee-cunnum, Beely-gunnan。字音顚倒在原始語言中有時是許可的。

爲證明我們的意見不錯，鳳信里的阿美人供給一段洪水故事：「當時四十天大雨，海水猛漲，洪流汪洋，人類幾全被淹死。Billugalau, Mallokilo 乘着他們早已製備的小船。隨波逐浪，飄浮在一最高山上。」在這裏我們看出來 Mallokilo 與 Billugalau (Beillee-cunnum, Buely-gunnan) 爲同一字源。

Billugalau 和 Mallokilo 所乘的小船指的是船形之月，天在神話中有時稱作「天的汪洋」(Himmelozean)。被淹死的羣衆是指的消失於明月中的星辰。這當然是藉洪水傳說來發揮月亮神話。

總之，從 Birrahgnooloo-Baillahburah 之可顚倒爲 Cunnumbeillee-Gunnanbeely，即可知道 Billugalau 是由兩句月名詞湊成的；從阿美人的 Billugalau-Mallokilo 的救生船神話，即可知道澳洲的 Birrahgnooloo-Cunnumbeillee 原是月神，所以和代表太陽神話的 Byamee 尙有扞格不相容的情形。(見拙著阿美族神話研究，大陸雜誌十六卷十二期頁十九)

南洋 Celebes 島的 Soppeng 語言稱 palagunee 爲月亮。(這是 Priestersprache) (註一六) 和 Billugalau Birrahgnooloo, Baillahbūrrah, Byallaburra, Gunnanbeely (=Belly-gunnan) 等原爲一句話。

原始時代的月神往往即以月亮爲名稱，上述Billugalau 及 Byallaburra 等可作證明。

僕纍蒲盧和蒲盧果臝的原意是月亮名詞的譯音，不然，爲什麼能兼有蝸蠃、蜃蛤、螟蛉、魚、木以及普通「長圓」的意義？但若看到蝸蠃、蜃蛤和月亮相關的情形頗爲古人所注意，則僕纍蒲盧等名詞當然原指月亮。這樣的發現，大家都看出來是不容易的。

上述 Soppeng 語言的 palagunee（月）不是月神，蒲盧果蠃和僕纍蒲盧（月）也不是月神。但武羅、五路（wuru）白鹿（bulan）等是月神，把月亮和月神混合是演變的結果。

四、大荒西經的崑崙描述

我們在上文談論了山海經西次三經的昆侖，爲證明昆侖之丘即是月山（月亮）。今再將大荒西經對於昆侖的幻想錄出，幻想當然不是事實，但我們知道古人的幻想法爲研究古代文化也很重要。大荒西經說：

西海之南，流沙之濱，赤水之後，黑水之前，有大山名曰崑崙之丘，有神人面虎身，有文有尾，皆白處之。（郭注：言其尾以白爲點駮）其下有弱水之淵環之。（郭：其水不勝鴻毛）其外有炎火之山，投物輒然。（郭：今去扶南東萬里，有耆薄國，東復五千里許，有火山國，其山雖霖雨，火常然。火中有白鼠時出，今之火澣布是也。即此山之類）有人戴勝，虎齒，有豹尾，穴處，名曰西王母。此山萬物盡有。（郭：河圖玉版亦曰：西王母居崑崙之山。西山經曰：西王母居玉山。）

崑崙爲「世界大山」，The World-Mountain，即月山。月山上有月「神」，神有人面虎身是依月形描寫。崑崙與赤水、黑水相關，與西次三經的昆侖相同。西次四經有月山名曰「鳥鼠同穴」，與郭注的「白鼠」有些相同，月形有時如鼠。西王母是月神，（拙著宗教系統頁一六一有證明）所以居崑崙山上。大荒西經又說：「西有王母之山、壑山、海山，有沃之國，（郭：言其土饒沃也）沃民是處，沃之野，鳳鳥之卵是食，甘露是飲，凡其所欲，其味盡存。（註一七）爰有甘華、甘柤、白柳、視肉、三騅、璇瑰、瑤碧，白木（郭：樹色正白）琅玕，白丹、青丹。（郭：又有黑丹也）多銀鐵。鸞鳥自歌，鳳鳥自舞。爰有百獸，相羣是處，是謂沃之野。有三青鳥，赤首黑目，一名曰大鵹，一名少鵹，一名曰青鳥。（郭：皆西王母所使也）」

西王母所居的月山，有這樣美麗的饒沃之野，所有的礦物、植物、動物以及所飲所食，都表示是神仙境界，這的確就是神話樂園。（這樂園是崑崙縣圃）世界人類的各民族（無論是原始的文明的）對於地獄的描述比較豐富，但對於天堂的描述資料很少。只有中國古籍有很多的資料，都藉月亮神話作了發揮，雖然古人已不明白這樣的神話。（關於這種樂園的描述，可再見本文下文）

從「白」丹、「青丹」、（又有黑丹）以及「青」鳥、「赤」首、「黑」目的描述，見得西王母的所居實與崑崙相關，崑崙有四色水，這裏又有白、青、赤、黑四色。

我們主張山海經的一切山都是月山，現在有一個很好的證明，「鸞鳥自歌、鳳鳥自舞」即丹穴之山（南次三經）的鳳皇「自歌自舞」。所以丹穴之山是月山。

如果西王母之所居不是月山，怎麼說有「白木」？事實上那裏有「白木」？這裏決不是描寫老木，因神話描寫的是極好盛景。「視肉」是什麼意思，另文解釋。

海外西經雖沒有明說崑崙，但也說「此諸天（按當作沃）之野，鸞鳥自歌，鳳鳥自舞。鳳皇卵，民食之；甘露，民飲之，所欲自從也。」

上引郭注大荒西經引西山經以西王母居玉山。玉山是月山，（月形如玉）西次三經玉山，「是西王母所居也……是司天之厲及五殘。」西王母（月）統司「厲及五殘」（皆當爲星辰，茲不贅），玉山與鍾山有關，淮南子俶眞訓：「譬若鍾山之玉，炊以鑪炭，三日三夜而色澤不變。」高誘以「鍾山、昆侖也。」（關於西次三經的鍾山條解釋見拙著山海經……帝神的偉大章頁一三三—一三四）玉在鑪炭三日三夜指月在晦朔的時間。

五、海內西經的崑崙描述

海內西經對於崑崙的描寫較大荒西經更長，描寫的內容也比較豐富。崑崙在那裏？有多大多高？裏邊都有什點？什麼人可以進這樂園？試看海內西經的描述：

海內崑崙之墟在西北，（郭：言海內者，明海外復有崑崙山）帝之下都。崑崙之墟，方八百里，高萬仞。（郭：皆謂其墟基廣輪之高庳耳。自此以上，二千五百餘里，上有醴泉、華池，去嵩高五萬里，蓋天地之中也。見禹本紀）上有木禾，長五尋，大五圍。（郭：木禾、穀類也，生黑水之阿，可食。見穆天子傳）面有九井，以玉爲檻；面有九門，門有開明獸守之。百神之所在，在八隅之巖，赤水之際，非仁羿（郭：羿、一或作聖）莫能上岡之巖。（郭：言非仁人及有才藝如

羿者，不能得登此山之岡嶺巉巖也。羿嘗請藥西王母，亦言其得道也）（註一八）

崑崙山沒有在地面上，因它「去嵩高五萬里，蓋天地之中也。」木禾生於黑水之阿，是月形木禾。五九兩數爲月的數字。（拙著山海……論五、九數字）開明獸當然是月獸。如果不是仁人君子即不能到崑崙的岡巖。可見在古人心目中，不是每人都能到樂園去。羿與西王母相關，也是月亮神話中的人物，郭注言海內海外皆有崑崙山。神話的崑崙山不止一兩座，可見下文。

海內西經的崑崙流出「赤水」、「河水」、「黑水」及「青水」，我們在上文已說過了。同經的下文繼續描寫崑崙說：

崑崙南淵深三百仞，開明獸身大類虎而九首，皆人面，東嚮，（月面東嚮爲上弦或上弦以前月形）立崑崙上。（郭：天獸也。銘曰：開明爲獸，稟資乾精，瞪視崑崙，威振百靈）開明西有鳳皇、鸞鳥……開明北有視肉、珠樹、文玉樹、玕琪樹、不死樹。鳳皇鸞鳥皆戴瞂。又有離朱、木禾、柏樹、甘水、聖木，（郭：食之令人智聖也）曼兌、一曰挺木牙交。（按挺木言月爲木形，牙交指月形）開明東有巫彭、巫抵、巫陽、巫陽、巫履、巫凡、巫相，夾窫窳之尸，皆操不死之藥以距之。（郭：爲距却死氣，求更生）窫窳者，蛇身人面，貳負臣所殺也。服常樹，其上有三頭人，伺琅玕樹。（郭：爾雅曰：西北之美者，有崑崙之琅玕焉。莊周曰：有人三頭，遞臥遞起，以伺琅玕）開明南有樹、鳥、六首蛟、蝮蛇、蜼豹、鳥秩樹。

開明西、開明北，是指月的明面在西、北，爲上弦或上弦以前月形，開明東、開明南，是指下弦或下弦以後月形。下弦的月形在東邊，明面指巫彭等，窫窳被殺，指下弦時的暗面。巫者夾住他的死尸爲使他更生。「夾」字指下弦月形將暗面夾住。巫陽是天帝之女。（彙苑）暗面不久為光明新月是為更生。

「有人三頭，遞臥遞起」（莊周）是形容月形的變遷。莊子寓言篇：「向也俯，而今也仰……向也坐而今也起」，這是描寫月形。（見拙著宗教系統頁五九）大荒西經：「三面之人不死」。即三頭之人。

上邊引文中的神話樹很多，除非是神話樹，那裏有珠樹、玉樹、聖樹、和不死樹呢？任臣註：「案鴻烈解，玉樹、璇樹、不死樹在崑崙西。」但海內西經以文玉樹和不死樹在「開明北」，在北、或在西，都指上弦或上弦以前月形。圖贊：「不死之樹，壽蔽天地。」是世界大樹。神異經：「瀛洲之山，有琪樹瑤草」。列子以「蓬萊之山，珠玕之樹叢生。」蓬萊 bulan 山也是崑崙，可見下文。淮南子以玉樹在赤水（！）之上。抱朴子以崑崙有珠玉樹、沙棠、琅玕、碧瑰之樹，玉李、玉瓜、玉桃，每風起珠玉之樹，枝條花蕚互相扣擊，自成五音。王嘉拾遺記以崑崙上有五色玉樹，蔭翳五百里，夜至水上，其光如燭。（並見任臣注引）玉樹在夜間光明！

六、十洲記的崑崙描述

十洲記幻想的崑崙，與山海經的基本意義相同，為理想的勝境，但偏重神人仙都的描述。這是漢朝東方朔根據古傳的製繪，崑崙山好像一張地圖展開在人眼前，當然也有不少的說明。今把東方朔的話錄出：

崑崙號曰崑崚，在西海之戌地，北海之亥地，（崑崙在西北）去岸十三萬里，（在海中）又有弱水周廻繞市。山東南接積石圃，西北接北戶之室，東北臨大活之井，而南至承淵之谷，此四角大山實崑崙之支輔也。積石圃南頭是王母居。周穆王云：咸陽去此四十六萬里，山高平地三萬六千里，上有三角，方廣萬里，形似偃盆，下狹上廣，故名曰崑崙山。三角，其一角正北干辰之輝，名曰閬風巔，其一角正西名曰玄圃堂，其一角正東名曰崑崙宮，其一角有積金，爲天墉城，面方千里，城上安金臺五所，玉樓十二所。其北戶山、承淵山又有墉城、金臺、玉樓，相鮮如流精之闕，光碧玉之堂，瓊華之室，紫翠丹房，錦雲燭日，朱霞九光。西王母之所治也。（註一九）眞官仙靈之所宗，上通璿璣元氣，流布五常玉衡，理九天而調陰陽，品物羣生，希奇特出，皆在於此。天人濟濟，不可具記。此乃天地之根紐，萬度之綱柄矣。

東南、西北、東北、西南，有四角大山，爲崑崙的支輔，其實也就是崑崙的本身。積石圃、北戶室、大活井、承淵谷都是山名（月山），北戶室是北戶山，承淵谷即承淵山的山和谷。當然月亮的明面部分可以變爲暗面，所以積石圃也可以變爲玄圃。

又說崑崙山有三角，形似偃盆，下狹上廣，這豈不是⊿形的月亮嗎？至於「安金臺五所」及「玉樓十二所」，金、玉和五與十二之數，自然都是月亮神話。崑崙的建築物光明輝煌，「朱霞九光」。

崑崙有些神聖意味，似爲天上人間的一個標準，所以說「流布五常玉衡，理九天而調陰陽，……此乃天地之根紐，萬度之綱柄。」西王母治理崑崙。但也說上帝在崑崙，（可見下文）東方朔又繼續說：

是以太上名山鼎於五方，鎭地理也；號天柱於珉城，象綱輔也。諸百川極深，水靈居之，其陰難到，故治無常處，非如丘陵而可得論爾，乃天地設位，物象之宜，上聖觀方，緣形而著爾。乃處玄風於西極，坐王母於坤鄉：昆吾鎮於流澤，扶桑植於碧津。離合火生，而光獸生於炎野；坎總衆陰，是以仙都宅於海島。艮位名山，蓬山鎮於寅丑；巽體元女，養巨木於長洲，高風鼓於羣龍之位，暢靈符於瑕丘，至妙玄深，幽神難盡，眞人隱宅，靈陵所在，六合之內，豈唯數處而已哉？此蓋擧其標末爾，臣朔所見不博，未能宣通王母及上元夫人聖旨。昔曾聞之於得道者，說此十洲大丘、靈阜，皆是眞仙隩墟，神官所治。其餘山川萬端，並無覩者矣。

崑崙爲月精號爲「天柱」，（山海經圖贊）「琨城」和「瑕丘」都有玉山的意味。月面有山有水，所以有「百川」，有水川即有「水靈」。崑崙山稱爲「靈陵」，「帝堯、帝嚳、帝舜葬於岳山」，（大荒南經）「附禺之山，帝顓頊與九嬪葬焉」。（大荒北經）至於扶桑、巨木、光獸、羣龍，也都爲月亮神話，東方朔提及離、坎、艮、巽、坤（坤鄉）諸卦名，又說「天地設位，物象之宜，上聖觀方，緣形而著，」頗有易經意味，易卦與月形相關，見拙著「易經原義的發明」一書。（台北市華明書局出版）十洲記崑崙條又說：

其北海外又有鐘山，（鐘山亦即崑崙山，我們已說過了）在北海之子地，（皆未出月體範圍）隔弱水之北一萬九千里，高一萬三千里，上方七千里，周旋三萬里。自生玉芝及神草四十餘種，上有金臺玉闕，亦元氣之所舍，天帝居治處也。鐘山之南有平邪山，北有蛟龍山，西有勁草山，東有東木山，四山並鐘山之枝幹也。四山高鐘山三萬里，官城五所。如一登四面山，下望乃見鐘山爾。四面山乃天帝君之城域也。（按東西南北四面山仍未出月體）仙眞之人出入道經自一路，從平邪山東南入穴中，乃到鐘山北阿門外也。天帝君總九天之維，貴無比焉。山源周廻，具有四城之高，但當心有觀於崑崙也。昔禹治洪水既畢，乃乘蹻車，度弱水，而到此山，祠上帝於北阿，歸大功於九天。

上帝是天帝君，「貴無比焉」表示他是至上神。東方朔把鐘山描述放在崑崙條內，如果不明白月亮神話，彷彿鐘山是另一座山，其實不然。

東方朔的記述中有傳統，他說：「臣先師谷希子者，太上眞官也，昔授臣崑崙、鐘山、蓬萊山及神洲眞形圖。」他又記蓬萊山云：「蓬丘、蓬萊山是也，對東海之東北岸，周廻五千里，外別有圓海繞山，圓海水正黑，而謂之冥海也。」山海經以月山爲員丘，今以月水是圓的，所以說「圓海」。除非月亮神話，沒有圓海之說。

從東方朔的十洲記內容看來，沒有不是說月亮神話的。（茲不贅）在東海者有祖洲、瀛洲、生洲、方丈洲、扶桑、蓬萊山、在南海者有炎洲，在北海者有滄海島和元洲、玄洲，在西海者有流洲、聚窟洲、和鳳麟洲，崑崚在西海及北海。只從炎洲在南海及玄洲在北海，已知道十洲記內容都是神話，因南方在神話中是紅的，北方是黑的。關於方丈、蓬萊、和瀛洲可見下文。博物誌以崑崙有五色雲氣，五色流水（註二〇）

七、列子中的崑崙描述

列子湯問篇有「壺領」山，「壺領」即是 hulan, kuling 無疑。又有方丈、瀛洲、蓬萊諸山，也都等於崑崙山，蓬萊等於 bulan。水經注（河水）：「至於東海方丈，亦有崑崙之稱，」張穆昆侖異同考引邱善良說：「東海方丈，亦有昆侖之稱」。湯問篇說：

禹之治水土也，迷而失塗，謬至一國，濱北海之北，不知距齊州幾千萬里，其國名曰終北，不知際畔之所齊限，無風雨霜露，不生鳥獸蟲魚草木之類，四方悉平，周以喬陡。當國之中有山，山名壺領，狀如甔甀，（注：謂瓦鉼也）頂有口，狀若員環，名曰滋穴，有水湧出，名曰神瀵，（注：山頂之泉曰瀵）臭過蘭椒，味過醪醴。一源分爲四埒，注於山下，（注：山上水流曰埒）經營一國，亡不悉徧。土氣和，亡札厲，（注：札厲疫死也）人性婉而從物，不競不爭，柔心而弱骨，……土氣溫適，不織不衣，百年而死，不夭不病，其民孳阜。亡數有喜樂，亡衰老哀苦，：：：飢惓則飲神瀵，（註二一）力志和平，過則醉，經旬乃醒。沐浴神瀵，膚色脂澤，香氣經旬乃歇。周穆王北遊過其國，三年忘歸；既返周室，慕其國，惝然自失，不進酒肉，不召嬪御者數月乃復。

說禹到了遠至幾千萬里的終北國，不是神話嗎？壺領即 hulan, kuling，爲月山，那麼終北也即是月國，說壺領在國的當中，是受了崑崙在「天地之中」的神話的欺騙。「一源分爲四埒」仍是受崑崙四水的影響。源流「經營一國，亡不悉徧」，壺領山既在國的當中，出來的四條水當然即容易徧流一國，這是神話的邏輯。

壺領山所在的理想國是一個生活樂園。山海經和十洲記中的樂園，大體說來，只說佈置的好，只說樂園是快樂仙境，今列子的樂園注意描寫人們的切身問題：在那裏可以飲神瀵，很容易免除飢惓，「沐浴神瀵，膚色脂澤，香氣」芬芬，「不夭不病，其民孳阜。」沒有「衰老哀苦。」自己感覺「力志和平」，又覺得他人「性婉而從物，不競不爭。」「士氣」也溫和適人。我們要特別注意，「神漢」是神話月水，又和月神的意思互相連結，飲神漢就是「飲福。」此外，湯問篇又描寫東海崑崙的本身說：

渤海之東，不知幾億萬里，有大壑焉，（山海經：東海之外有大壑，實惟無底之谷，其下無底，名曰歸墟。莊子云尾閭，即 wulu, wulan）八紘九野之水，天漢之流，莫不注之，而無增無減焉。（注：世傳天河與海通）其中有五山焉，一曰岱輿，二曰員嶠，三曰方壺，（注：一曰方丈）（註二二）四曰瀛洲，（註二三）五曰蓬萊。（注引史記曰：方丈瀛洲、蓬萊，此三神山在渤海中。蓋常有至者，諸仙人及不死之藥皆在焉。未至望之如雲，欲到即行而去，終莫能至）其山高下周旋三萬里，其頂平處九千里，山之中間相去七萬里，以爲鄰居焉。其上臺觀皆金玉，其上禽獸皆純縞，珠玕之樹皆叢生，華實皆有滋味，食之皆不老不死。所居之人皆仙聖之種，一日一夕飛相往來者不可數焉。而五山之根，無所連著，常隨潮波上下往還，不得暫峙焉。仙聖毒之，訴之於帝，帝恐流於西極，失羣聖之居，乃命禺强使巨鼇十五舉首而戴之，（注引離騷曰：巨鼇戴山，其何以安？）迭爲三番，六萬歲一交焉。五山始峙。而龍伯之國有大人，（註二四）舉足不盈數步，而暨五山之所，一釣而連六鼇，合負而趣歸其國，灼其骨以數。於是岱輿、員嶠二山，流於北極，沈於大海。

今將湯問內容的月山意義說明一下。方壺（方丈）爲崑崙，蓬萊也是崑崙，由此類推，岱輿、員嶠、瀛洲也當是崑崙，因五山是一串東西。方丈亦有崑崙之稱，我們已說過了。蓬萊簡稱萊山，史記封禪書以「祠之（月主）萊山，皆在齊北郊勃海。」漢書郊祀志：「萊山祠月。」史記以三神山能行能去，使人終莫能至。（封禪書）列子以五山「常隨潮波上下往還，不得蹔峙焉。」這樣的山捨月山即無法解釋，（中國古代有月山神話，見拙著山海經神話系統第二編論月山）月山能來能去，好像隨潮波上下，不得蹔峙。此外，湯問中的數字也有意義，「其山高下周旋三萬里，其頂平處九千里」，在神話中三萬可等於三，九千可等於九，三九二十七，爲月亮（出現）數字；五「山之中間相去七萬里」，七萬可等於七；五山中間有四距離，四七二十八，又是月亮數字（見上文）。又「使巨鼇十五，擧首而戴之（五山），迭爲三番，六萬歲一交焉。」今先將「十五」和「三番」解釋一下。巨鼇（神話視月亮爲鼇類，見上述拙著頁七一—七二）及五山，皆指月形，這是神話上 Tautology 的演繹法。這裏是說陰歷初一到十五的月形。（神話在此不再顧及初一有月與否）神話把初一到十五的月形看作十五個鼇，把同樣月形劃爲五部分，這是五座月山。三五一十五，每三鼇負山三天，每三鼇負戴一山，這就是「迭爲三番。」所以先有三鼇負戴初一到初三的月山，繼有三鼇負戴初四到初六的月山。又有三鼇負戴初七到初九的月山。初十到十二以及十三到十五又各有三鼇負戴月山。每三鼇戴月三天，換句話說，自新月到圓月劃分的五部月形的各部分，都各有三鼇負戴，三五一十五鼇。但爲什麼說六萬歲即輪替換班？（六萬歲一交焉）六萬歲指的六天。但十五天用五除爲三天！所以似乎應當說「三萬歲一交焉」才對。神話作者似乎不欲使人明白月亮神話，因他說的「六萬歲」（六天）是又把月面的五部分，看作一個月的五分之一。（五六三十天）所以說出了「六」數。古人對月亮神話愛保守秘密，十洲記崑崙條：「術家幽其事，道法祕其師，術泄則事多疑，師顯則妙理散。」

大鼇負山，「五山始峙」，月山果能峙立不動嗎？神話作者尙有妙筆，他說龍伯國大人到「五山之所，一釣而連六鼇，合負而趣歸其國。」他將六鼇負去，「於是岱輿、員嶠二山」失掉憑依，「流於北極，沈於大海。」三鼇負戴五山中的一山，六鼇負戴二山。今說釣去六鼇，所以二山沈海。

今將岱輿、員嶠沈海的意義說明一下。我們已說過了，月體在這裏分五部來看，那麼，岱輿是第一部分，員嶠是第二部分，方壺、瀛洲、蓬萊是第三、第四、第五部分，岱輿、員嶠的沈滅，是指月圓後（十六日至二十一日）的陽面消失了。所以說將六鼇釣走，二山沈滅。（上述神話視月歷爲三十日）從此，史記封禪書只再提說蓬萊、方丈、瀛洲三神山，是不明白月亮神話的證據。

八、崑崙神話與修仙意義

最後，我們用史記封禪書作一研究，把崑崙神話與修仙的關係作一說明。我們早（民四九）已主張封禪是祭月神。（見拙著中國古代宗教系統頁一二九—一三〇）

封禪祭山神（月神）和長生不死的希望，決然是月神宗教的表現和月亮神話造成的觀念，毫無疑義。當然封禪書中也說祭太陽和星辰，但上帝、黃帝、五帝、太一、地神等都是月神或月神的演變，所以，封禪的基本意義是祭月神，雖然當時的人已似乎不明白了。因此，該書說到「祭月」和拜「月主」時，並沒有强調其中的意義。司馬遷當然不明白月神宗教。

但是，我們在這裏，並不是要對於月神宗教和月亮神話作廣泛研究，因爲我們不應當離開本文的題意。

列子的神話所說的月山，在封禪書中成了當時人尋求的對象。蓬萊是月山，但又成了仙神。崑崙也變成「明堂」的名稱。（明堂象徵月亮，見上述拙著論明堂章）即便是本文第二節所說原始語言中對於月亮的名稱，在封禪書都有痕迹，雖然在這裏都爲月神的稱謂了，譬如，「蜚廉」豈不就是 bulan, funan？（大洋洲神話並有以月神爲 Pallian 者，p,b＝f）淮南子俶眞訓：「騎飛廉而從敦圄。」高注：「蜚廉、獸名，長毛有翼。」獸有翼，是神話。漢書司馬相如傳注以飛廉爲龍雀，鳥身鹿頭。（確爲月亮神話）「武夷」神（封禪書）明明爲 wulle, wulan, urú, 「夷」字發音爲 y＝l（就如山海經的相「繇」即柏「柳」）。當然蓬萊即 bulan。

今可從封禪書的方丈（崑崙）、瀛洲、蓬萊說起，該書說：

自齊威、宣之時，騶子之徒，論著終始五德之運，及秦帝，而齊人奏之，故始皇采用之。而宋毋忌、（欒彥引老子戒經云：月中仙人宋無忌）充尙、羨門高、（羨門即 Shaman）最後皆燕人，爲方仙道，形解銷化，依於鬼神之事。騶衍以陰陽主運顯於諸侯，而燕、齊海上之方士，傳其術不能通，然則怪迂阿諛苟合之徒自此興，不可勝數也。

自威、宣、燕昭使人入海求蓬萊、方丈、瀛洲。此三神山者，其傅（當即傳字之誤）在勃海中，去人不遠，患且至，則船風引而去。蓋嘗有至者，諸仙人及不死之藥皆在焉，其物禽獸盡白（日赤月白），而黃金銀爲宮闕。未至，望之如雲，及到，三神山反居水下。臨之，風輒引去，終莫能至云。世主莫不甘心焉（心中甘羨）。及秦始皇並天下，至海上，則方士言之，不可勝數。始皇自以爲至海上而恐不及矣，使人乃齎童男女，入海求之，船交海中，皆以風爲解，曰：未能至，望見之焉。

當時的羨門及方士等，都想努力找得神山，希望得到不死之藥，結果，神山不可得到。實在說來，並不是「三神山反居水下」，因神山只是神話的山，只是月山。可惜羨門、方士也不明白這一點。「皇帝敬拜太一，東至海上，考入海及方士求神者，莫驗。」又：「東巡海上，考神仙之屬，未有驗者。」「而方士之候祠神人，入海求蓬萊，終無有驗。而公孫卿之候神有，猶以大人之蹟爲解（解說），無有效。天子益怠厭方士之怪迂語矣。然羈縻不絕，冀遇其眞。自此之後，方士言神祠者彌衆，然其效可睹矣。」（考證：岡白駒曰：言其效之有無可睹已）（以上封禪書）

羨門方士找不到神山，不能滿天子的願望，但後者仍然不失所望，「冀遇其眞」，因爲仙藥可以「卻老」，「不死」，因「神仙人蓬萊士」有不死之藥。（封禪書）

「安期生（是）仙者。」「少君」自云「嘗遊海上，見（過）安期生。安期生食巨棗大如瓜。」又有人「大言曰：臣常往來海中，見安期，羨門之屬。」（封禪書）安期生當指按期而生的意思，是指的月亮，月山詩集卷一咏月說：「光景終無改，圓虧却有期。」少君等是否看見了仙人是一個問題。但「安期生」一名似乎有些意義。

爲得到不死實在也不簡單，按「少君」說的，「祠竈則致物，致物而丹沙可化爲黃金，黃金成以爲飲食器則益壽，益壽而海中蓬萊仙者乃可見，見之以封禪則不死，黃帝是也。」但似乎看見蓬萊仙者不必是封禪不死的條件，封禪書以「皆至泰山祭后土，封禪祠，其夜若有光。」「封禪者，合不死之名也。」漢書郊祀志：「封禪者，不死之名也。……禪凡山，合符然後不死。」無論如何，不死的希望是從月亮神話來的，蓬萊仙藥和封禪祭神離不開月神宗教和神話的意義。當時所祭的不只是泰山，尙祭其他山嶽，即便在「池中（也）有蓬萊、方丈、瀛洲、壺梁，象海中神山。」（封禪書）博物誌卷一引述封禪書三神山後，又說：「南海短狄未及，西南夷以窮斷，今渡海至交趾者不絕也。」這又是去南海尋求神山。

總之，封禪書多古傳，在無意中也指示不少月神的名稱，如「蜚廉」、「武夷」、「陰陽使者」，「陰主」，「陽主」，「月主」，陰陽是指月亮說的，我們在他處已有不少的證明。封禪書又稱「明堂」爲「昆侖」，在裏邊「拜祠上帝（月神）」。

方丈是崑崙，蓬萊也是崑崙，當時的帝王尋求崑崙很焦急，拿封禪拜神也是要緊的大事，都表示月神宗教和月亮神話所有影響的重要。

九、結論

本文所談的一切，都是月亮神話，我們拿出了有系統的積極解釋。在原始神話中，天象神話佔一大部分；在天象神話中，月亮神話佔一大部分，（註二五）人類的大部文化似乎都如此。

月亮神話的興起是在原始時代，人類在較後的時代幾乎都將神話和月亮（或月神）的關係忘掉了。（證明神話之古）所以昆侖神話和神話昆侖直到現在爲中外學者是一個謎。大家都覺得有昆侖神話，但對於神話毫無解說；神話的昆侖山果在何處？古人也不知道，遂有許多幻想的發生。但我們從古代中國人對於原始文化的一部分保守性，還可以看出關於昆侖神話的一切尚有不少與月亮相關處。中國古籍大可幫助我們作原始文化遺蹟的探究，當然方法是重要的。

西次三經、海內西經、大荒西經都以崑崙在西方，但神話崑崙不只在西方，因爲月亮不只在西天。實際說來，整個一部山海經以及十洲記和神異經等書的內容，完全是月山的描述或月亮神話的發揮。崑崙神話特別發達。古人（如東方朔）似乎對於這類神話的原意有些保守秘密的意思。現在我們發見了這種秘密，此些微成功當然也不容易。

至於實際的崑崙究竟何在，容另文專述。現在我們只談了神話崑崙。

月亮神話只是神話，但其中含有古人信仰的宗教背景，以及古代民衆心理的表現。從崑崙山神話，可以看出古人有三種心理：一、追求理想中美滿的生活。二、追求理想中美滿的社會。三、和至上神取連絡。古人在追求極樂之國（天堂），以爲這極樂之國就是帝鄉，就是崑崙。美妙的崑崙神話，的確反映着古人的心理及古代的文化，我們要留心神話的描寫。無論如何，月亮神話離不開月神宗教，就像月神的觀念離不開至上神一樣。（參閱拙著山海經神話系統頁一三三——一三六）

史記封禪書「似乎」把互相攪亂的宗教和神話分析了一下，乾脆說，封禪是宗教，尋仙島是神話，前者是祭神，後者是爲尋仙人，但蓬萊仙人又和月神互關。當然封禪書並沒有意思作上述分析。

樂園和仙島的數目不少，但都是演變出來的，所以東西兩方向都有崑崙，東、西、南、北各方向都有仙洲、仙島。（十洲記）神的演變也不都是直線的，因演變的時地不同，所藉的文化背景也不同。譬如，上帝、西王母、和武夷即不屬一條路線。上帝和五帝則是一條路線。

中國古籍中所有許多不可明白的地方，其中實有不少部分當用月亮神話去解釋。事實上，筆者已作出了不少這樣的解釋。爲研究中國古代文化的形成，不能不研究這一方面的宗教和神話。

多神主義在後，一神主義在前，這一點，從月神宗教也可以看出來，只有一個月亮，只有一位月神，住在月山上。（當然是神話說法）但這月神的前身是至上神。

我們當然不可以受拜物主義學說的欺騙。神的觀念並不起源於拜物，神和月亮糾纏後不能不受到影響，而且所受的影響有時相當濃厚，但神話的演變總沒有把理智完全失掉，神是住在「崑崙」，他的名稱也可以叫作「崑崙」，（包括等於「崑崙」的名稱），但不是崑崙的本身。譬如，按本文所採用的資料（未採用的資料亦然），上帝是最清楚最重要的神，這位神的活動，依古籍記載，不但在月亮神話以內，而也多在月亮神話以外；我們已在他處證明過了，上帝原來不是月神。他一方面，「崑崙」可爲山名，但也可以爲洲名、地名、或部族之名，本文所談者大部視崑崙爲山；說到這裏墨子的書可以供給我們一個很好證據，天志下說：「祭祀上帝、山川、鬼神。」上帝與山川分言，證明上帝的本身不是山川，月山只是「帝之下都」。

神話不是宗教，但其中有不少宗教成分，所以研究古代宗教離不開研究神話；神話不是歷史，但其中有不少關於古代文化史資料的反映，這種反映是非常寶貴的，因爲從神話研究中可以得到從其他研究得不到的結果。

附　註

（註一）博物志卷八：「員丘山有不死樹，食之乃壽；有赤泉，飲之不老。」

（註二）十洲記有「生洲，在東海丑寅之間，……天氣安和，芝草常生，地無寒暑，安養萬物，亦多山川。」

（註三）神異經中荒經：「崑崙之山有銅柱焉，其高入天，所謂天柱也。圍三千里，周圓如削。」

（註四）玀玀族以 hlobo 爲月山，印度 Kol 族有大神曰 Marang Buru，字義爲「大山。」古代爪哇以 Meru 爲「天上之山。」(Alfred Mass, Altjavanische Tierkreisbecher, Zeit-f-Ethn-Berlin 1933 p. 107) 南洋的 Palau 島土人相信天上有山名叫 Ngeraod. (Aug. Krämer. Palau 4. Teilband. Hamburg 1929. p154) 巨人死後所變成的 Ngaregolong 半島 (同上p.2) 名稱，似也取「月」爲名，Ngare 似與 Ngeraod 原爲一句話，即是蘇門答臘的 gulo (月)。Ngare-golong。

（註五）Litauer (Letten) 人稱月亮爲蘋菓，舟，圓環，樹。(Siecke, Z. f. E. p.167) 在（極）西方生出了 Hesperiden 的蘋果，Herakles 將蘋菓取來了。蘋菓指月亮。Aphrodite, Hera.（日耳曼的）Iduna, 及 Hekate 諸女神以蘋菓爲徽號，因爲她們原來都是月神。蘋菓指圓月。Letten 人的民歌中以爲天是蘋菓園，那個金蘋菓從蘋菓樹落下了。神將用金銀再創造一個別的蘋菓。(p.168)

（註六）筆者曾調查阿美，卑南和排灣族。並參閱了 D'ollone, Langues des peuples non chinois de la Chine, Paris 1912, p. 25, 33, 131

(註七) Alfred Mass, Sternkunde und Sterndeuterei im malaiischen Archipel, (Tijd. voor Indische T. L. en Volk, 64; 1924, pp. 437-440) (Idem) Die Sterne im Glauben der Indonesier (Z.f.E. 1934, pp. 264-303 passim.)

(註八) Gorakiru 指圓月。(Ai Kramer, Palau, 4. Teilband, Hamburg 1929, 頁六三注十) Encyclopaedia of Religion and Ethics, edit. by J. Hastings XII New York 1951 p. 12

Malzac, Dictionnaire Français-malgache, Paris 1926

(註九) Walter G. Ivens, A Dictionary of the Language of Sa'a (Mala) and Ulawa. Soutd-East Solomon Islands, Oxford 1929

P. A. Kleintischen, Mythen und Erzählungen eines Melanesierstammes aus Paparatava Neupommern, Südsee, p. 61-Hastings XII p. 84

ArthurN. Wollaston, A complete English-PersianDictionary, London 1889

Lewis Spence,Myths and legends of Babylonia and Assyria, London 1920 p. 75, 145 249-50, 324-25,

Homilia S. Gregorii Papae ad Luc. cap. 18: "Jericho quippe luna interpretatur."

Hutton Webster, Rest Days ; a sociological Study,(University Studys, Lincoln Nebrask vol. XI nos. 1-2 January-April 1911, p. 129 sq.) : "The Harranians who long retained thei ancient customs, held a new moon festival as late as the eleventh or twelfth century c our era. On the twenty-seventh of the lunar month offerings were made to the moon and the occasion was otherwise festively celebrated. Such rites must have descended from Semitic antiquity since the ritual expressions hallala, ahalla (Heb. hilal) are etymologically explained by hilal, "new moonor "crescent."

(註十) W. Schmidt, Die Gliederung der Australischen Sprachen, Wien 1919, p. 119, 142-3, 157 passim

K. L. Parker, The Euahlayi Tribe, London 1905, p. 50, 53, 98

(註十一) Olifat 從天降來像似一隻 kuling-Brachvogel, Olifat 創造了月亮。月亮可以爲人在房內製火 (Augustin Kramer, Truk, p. 372, 358)

(註十二) 段成式諾皐記：「甲子神名弓隆，欲入水內呼之」。

(註十三) 莊子駢拇：「屬其性於五味，雖通如俞兒，非吾所謂臧也。」

(註十四) 非洲的 Pimbwe 族對於自己的由來說：「從前有一棵大樹，樹上有一隻豹子。樹間有一孔穴。豹子說："Uru, uru," 隨即出來一隻牛，一隻羊，一隻鷄，一隻狗，一隻羚羊；又說："Uru uru," 隨即出來人了。」當時有了一個紅色男子及三個婦女。 (Robert Unterwelz: Ethnographische Notizen über die Pimbwe. Z.f.E. 1924-1925 p. 241

(註十五) Areop 用蝸牛創造了月亮。 (P. Hambruch, Nauru, 1 Halbband, Hamburg 1914, p. 381)

（註十六） Alfred Mass, Sternkunde…… p. 440

（註十七） 呂氏春秋本味篇：「水之美者，三危之露，崑崙之井。」又：「果之美者，沙棠之實」。高誘注：「沙棠木名也，崑崙山有之。」「菜之美者，崑崙之蘋，壽木之華」高注：「壽木、崑崙山上木也；華、實也，食其實者不死，故曰壽木。」畢沅：「郭璞以蘋即西山經之蕢草，其狀如葵，其味如蔥，食之可以已勞。」述異記：「崑崙山有玉桃，光明洞徹而堅瑩。」

（註十八） 漢書王莽傳：「紫閣圖曰：太一、黃帝皆僊上天，張樂崑崙虔山之上，後世聖主得瑞者，當張樂秦終南山之上。」

尸子卷下：「昆吾之劍，可以切玉。玉者色不如雪，澤不如雨，潤不如膏，光不如燭。取玉甚難，越三江五湖至崑崙之山，千人往百人反，百人往十人至。中國覆十萬之師，解三千之圍。吉玉大龜，玉淵之中，驪龍蟠焉，頷下有珠也。」莊子列御冠：「千金之珠，必在九重之淵，而驪龍頷下。」又尸子卷下：「赤縣州者，實為崑崙之墟，其東則滷水島山，左右蓬萊，玉紅之草生焉。食其一實而醉臥，三百歲而後悟。」

（註十九） 博物誌卷三：「漢武帝好仙道，祭祀名山大澤，以求神仙之道。時西王母遣使，乘白鹿告帝當來。乃供帳九華殿以待之。七月七日夜漏七刻，王母乘紫雲車，而至於殿西南，面東向，頭上戴七種青氣，鬱鬱如雲。」這種月亮神話氣味多麼濃厚！

（註二〇） 博物誌卷一：「河圖括地象曰：地南北三億三萬五千五百里，地祁之位，起形高大者有崑崙山，廣萬里，高萬一千里，神物之所生，聖人仙人之所集也。出五色雲，五色流水，其泉南流入中國，名曰河也。」

（註二一）Hambruch, Nauru, 1915, p. 233 說：「當時有一蟲子，名叫 Halang（月亮！）這蟲的糞成了初期的土地。」但我們暫不必以糞來釋糞。

（註二二）十洲記：「方丈洲在東海中心，西南東北岸正等方丈，方面各五千里，上專是羣龍所聚，有金玉琉璃之宮，三天司命所治之處。」

（註二三）十洲記：「瀛洲在東海中地，方四千里，大抵是對會稽，去西岸七十萬里，上生神芝仙草，又有玉石。高且千丈，出泉如酒，味甘，名之為玉醴泉，飲之數升輒醉，令人長生。洲上多仙家，風俗似吳人，山川如中國也。」

（註二四）河圖玉板云：「龍伯國人長三十丈，生萬八千歲而死。」龍是月亮神話，龍就是月亮，（見拙著山海經神話系統頁六九—七〇）孫氏瑞應圖：「黃龍者，四龍之長，四方正色，神靈之精也。能巨細，能幽明，能短能長，乍存乍亡。王者不漉池而漁，則應和氣而遊於池沼。」

（註二五）Z.f.E. (42) 1910 pp. 165-166 載 Eduard Seer 論 Ernst Siecke 對於神話的看法說：Denn es sei doch nicht recht glaublich, dass die Menschen der mythenbildenden Zeit von den jetztlebenden so grundverschieden in Anschauungen, Gedanken und Empfinden gewesen seien, dass wir, von unserer Anschauung ausgehend, nicht vielfach den Anschauungen jener alten Zeit begegnen sollten.

Von diesem Ausgangspunkte aus, ist der Verfasser (Siecke) schon vor Jahren zu der

Erkenntnis gelangt, dass ein grosser Teil der Mythen des Altertums Vorgänge am Himmel beschreibe, also astraler Natur sei, und dass von allen Dingen der Aussenwelt bei primitiven Menschen keines grössere Verwunderung und grösseres Interesse erregt habe, als der Mond, dass er bei der Mythenbilddung eine ausserordenthich grosse, vorher nicht geahnte Rolle gespielt habe, - wobei der Verfasser aber gar nicht in Abrede gestellt haben will, dass daneben auch noch andere Erscheinungen der Aussenwelt, vor allem die Sonne, und auch Morgen-und Abendstern, zur Mythenbildung Anlass gegeben haben. Da aber, wegen der eigentümlichen Beschaffenheit des Mondes, die auf ihn bezüglichen Mythen am leichtesten zu erkennen seien, so habe der Verfasser sich diesen zunächst zugewandt (E. Siecke 著有 Götterattribute und sogenannte Symbole, Jena 1909)

第二章　實際的崑崙

我們在「現代學人」（第一期，頁一〇一—一三四）發表了「神話崑崙意義的發明」一文，證明神話以崑崙是月山。其實，山海經中的一切山，都是神話月山。（見拙著山海經神話系統，臺北市華明書局出版）。研究崑崙總不能離開神話

現在要談的是實際的崑崙。崑崙山究竟何在？學者已談論不少。我們的目的，是要打通諸學說對於崑

崙所在主張的偏執，解釋古書中對於崑崙的雜亂記載，指出狹義和廣義的崑崙所在。並說明崑崙所在失傳的理由。

一、漫論崑崙的所在

崑崙之體，究竟何在？禹貢孔傳引馬云：「崑崙在臨羌西」，漢書地理志：「金城臨羌縣有崑崙祠，敦煌廣至縣有崑崙障」。（史記夏本紀索隱引）晉書張駿傳：「酒泉太守馬岌上言，酒泉南山即崑崙之體」，是又言崑崙在酒泉。南山即崑崙。後漢書明帝紀已以酒泉「有昆侖之體」。

我們在下文要說明南山即崑崙。禹貢孔傳：「西傾、朱圉在積石以東，鳥鼠渭水所出，在隴西之西，三者雍州之南山」。正義：「地理志云：西傾在隴西臨洮之西南，朱圉在天水冀縣南，鳥鼠同穴山在隴西首陽縣西南，渭水所出在隴西郡之北，是三者皆雍州之南山也」。

漢書西域傳以西域「南北有大山，中央有河。東西六千餘里，南北千餘里，東則接漢，阸以玉門、陽關，西則限以葱嶺，其南山東出金城，與漢南山屬焉」。通鑑胡註「南山在于闐之南，東出金城，與漢南山接」。于闐在何處？隋書西域傳：「于闐葱嶺之北二百餘里」（註一）。是漢有南山，西域也有南山。

中國的崑崙與西域的崑崙有密切的關係，我們可以用「南山」解釋一下，因為南山就是崑崙。漢書西域傳告訴我們葱嶺的南山「東出金城與漢南山屬焉」。補註引徐松曰：「葉爾羌和闐境南諸山自和闐南復東出，經羅布淖爾南，又東經安西州南，又東經青海、甘州、涼州、蘭州南，又東經渭水之南，為武功、大乙諸山，又東至西安府長安縣南五十里為終南山，言西域南山至此而終也」。這是說葱嶺的南山迤延來了。

南山就是終南山，史記夏本紀集解引地理志：「終南、敦物、皆在右扶風武功也」。索隱：「按左傳中南山，杜預以爲終南山」。正義引括地志云：「終南一名中南，一名周南山」。

徐松以終南爲南山之終，但南山不終於長安，尙東迤至河南陝縣。終南一名中南或周南，並無終了之意。

淮南子俶眞訓以終南就是終隆山，終隆和崑崙音近，當即崑崙。終隆就是南山，崑崙也即南山，南山在古代特別重要，因爲它原來是崑崙山。詩經終南：

終南何有？有條有梅！君子至止，錦衣狐裘，顏如渥丹，其君也哉！

終南何有？有紀有堂，君子至止，黻衣繡裳，佩玉將將，壽考不忘。

節南山：

節彼南山，維石巖巖，赫赫師尹，民具爾瞻。

信南山：

信彼南山，維禹甸之，畇畇原隰，曾孫田之，祭以淸酒，從以騂牡。

武梁碑說：「媦家所有，選擇名石南山之陽，擢好妙好，色無斑黃，前設壇墠，後建祠堂」。

我們知道南山是崑崙，因它就是終隆山。終隆幾與崑崙同音，就是崑崙。因南山爲崑崙，所以意義那麼重大。漢書王莽傳引紫閣圖，以黃帝「張樂崑崙虔山之上，後世聖王得瑞者，常張樂秦終南山之上」。終南也即崑崙。

我們主張于闐和陝西的南山都是崑崙，但二地南山相距很遠，是否在中間脈絡尙有崑崙山可尋？甘肅的崑崙山即中間的脈絡。積石山亦爲崑崙，新唐書吐谷渾傳：「次星宿川，達柏海，望積石山，覽觀河源」。崑崙也稱爲積石。（萬斯同崑崙河源考引葛僊翁傳）自淸朝以來，大家又以巴顏喀喇山爲崑崙，這都是南山脈絡。所以陝西、甘肅及靑海都有崑崙。自葱嶺南山到終南山都是崑崙。這是廣義的崑崙。爲說明崑崙一脈相通，可以引證馬冠羣「新疆地略」中所說的話：

南山即雪山，在土魯番南，大宛傳張騫還並南山。

注：山接終南山，從京南至葱嶺毗連萬餘里。……漢西域傳西限葱嶺，其南山東出金城，與漢終南山連屬。今此山自塔里母河沙磧，南包終噶斯地、東經沙州、安西、肅州、甘州、涼州，南爲祁連山，又東南盡於苦水堡，幾三千里。其東南一支，南包靑海，繞河源入岷州界，繞渭水而東，爲武功、太白、太乙、太華，幾五六千里。

二、狹義的崑崙

古代傳說，以河源出崑崙。河源可分爲神話的河源與實際的河源。神話的河源也可以指給我們崑崙的所在，我們現在說狹義的崑崙。

漢書西域傳：「南北有大山，中央有河。（即塔里木河）……其河有兩源，一出葱嶺山，（補注引後漢書云：一出葱嶺東流。水經河水下云：崑崙墟在西北，其高萬一千里，河水出其東北陬，又從葱嶺出而東北流）一出于闐，（先謙曰：水經河水下云：其一源出于闐南山）。于闐在南山下，其河北流與葱嶺河合，東注蒲昌海。（補注引徐松曰：和闐河與葱嶺南北河既合，又會阿克蘇河東流，是爲塔里木河，又東，克勒底雅河自南來會，又東至庫車城東南，有庫車河自北來會，又東至哈喇沙爾城西南，有博斯騰淖爾水自東北來會，又東至哈喇沙爾城東南，人於羅布淖爾，即蒲昌海也。自和闐河、葱嶺河合流之地，至蒲昌海，千四百餘里）蒲昌海一名鹽澤者也。（先謙：史記正義引括地志云：蒲昌海一名泑澤，一名鹽澤。說文：泑澤在昆侖下，今回部語謂之羅布淖爾）。去玉門陽關三百餘里，廣袤三百里，其水亭居，冬夏不增減，皆以爲潛行地下，南出於積石爲中國河云」。（補注引徐松曰：羅布淖爾水潛于地下，東南行千五百餘里，至今敦煌縣西南六百餘里之巴顏哈喇山麓，伏流始出山麓。有巨石高數丈，山崖土壁皆廣赤色。伏流自壁上天池湧出，歕爲百道，皆黃金色）。

如果沒有潛流的神話傳說，則葱嶺及于闐南山爲河源之說即不能成立。潛流的傳說把狹義的崑崙介紹給我們了。而且潛流的傳說越不合理，證據的力量也越大。上述的傳說是竭力保存崑崙所在的意思，因爲河水當出於崑崙之故。

河源的崑崙在葱嶺和于闐，張騫也去大夏、于闐、「窮河源」，去找崑崙，可見崑崙在于闐一帶（註二）。史記大宛傳明說「河源出于窴」，河源的所在即當是崑崙的所在。這是狹義的崑崙。至於酒泉南山……不是河源而也稱爲崑崙的原故是因和于闐南山脈絡相通。

羅布淖爾潛流爲河源之說當然不是事實，但古人皆信以爲眞，其中必有理由。不少學者以中國人原從西北來，這是眞的，至少一部分中國人如此。（見下文）

塔里木河的汎流（將入羅布淖爾） Photo: Hedin

三、實際的河源

魏源「昆侖釋」：「凡葱嶺東之水，皆瀦蒲昌海，蒲昌海之水伏流，潛發於星宿海，爲黃河」。又：「皇淸通志及松筠西陲總統事略，皆以黃河近源在星宿海西三百餘里，遠源則爲回部極西之葱嶺，在喀什噶爾葉爾羌西千餘里。」

馬冠羣「靑海地略」：「柏海近河源……柏海似今之查靈、鄂靈澤」又：「查靈海在河源鄂敦他拉東，又東爲鄂靈海」。

元朝都實以河源出星宿海，與吐谷渾傳相合。萬斯同「舊唐書吐谷渾傳後」也說河源出星宿海。吐谷渾傳說：「次星宿川，達柏海上，望積石山，覽觀河源」。

張穆「昆侖異同考」，以紫山爲「古所謂昆侖者也」（註三）。紫山即庫爾坤山，包括巴顏哈喇山。馬冠羣（靑海地略）以巴顏喀喇山爲河源，故爲昆侖。

昆侖爲河源，古人並以河源出於積石，（漢書西域傳）河水的發源很複雜，那麼，實際的河源即在星宿海及積石山一帶；大積石山似乎就是巴顏喀喇山。昆崙和積石山果然有密切關係，萬斯同「

崑崙河源考」引葛僊翁傳：「崑崙一曰元圃，一曰積石瑤房，僊人所居也」。

統上觀之，「伏流」的傳說，指給我們狹義的崑崙；巴顏喀喇山一帶是廣義的崑崙。陝西和甘肅的南山也是廣義的崑崙，雖然不爲河源之所出。

意者以爲「伏流」傳說，當有民族遷徙的背景。現在先問：所謂「河源」，究竟是那一條河？當然是說「黃河」。但以「河源」指黃河之源是否一部分民族移到中國後的附會說法？于闐有南山，於是甘肅及陝西也有南山；葱嶺及于闐南山爲塔里木諸河的發源地，皆流入羅布淖爾海。人們從于闐一帶移來（見下文）之後即不再看見塔里木河，今見黃河的水自西東流，當然河源在西方。漸漸也誤以黃河之水出自崑崙，就像塔里木水出自于闐崑崙一樣。幸而巴顏喀喇山也是廣義的崑崙。關於河源，古人非主張「伏流」不可，這又是爲于闐南山和青海的山脈拉關係，但仍可表示崑崙河源在于闐。

四、Olufsen 著作參攷

O. Olufsen 著 Through the unknown Pamirs (London 1904) 一書，他說：“In Garan (崑崙，爲地名) the mountains of southern Pamirs descend steep and sheer to the Pandsch river like a wall and are very difficult of ascent in consequence the top is a plateau.“ (p 22) 並且說山上的土地肥沃。(p 36) 在 Garan 一帶有柳樹、白楊樹、山查樹、野桃樹和杜松樹等。(pp 35–36) Garane (崑崙人) 人說的是古波斯語 (p. 60) (案古波斯語以 gurrah 指月亮) 帕米爾高原的黠戛斯人說一種土耳其族土語。(p. 63) 人們住的是土房屋，(p.73) 自古以來即知飲茶，據說茶

係由中國商人弄來。(p.123) "It must be remembered that the Chinese once possessed High Pamirs; and at the lake of Yashikul we found remnants of Chinese fortresses the stone foundations of which were adorned with Chinese ornaments." (p123) 在帕米爾南部谷地有大夏人。(p 209)

古代宗教中主要之神叫作Allah (回教之神)、或叫 Khoda，但人們 (Wakhana人) 尚敬拜Almasd神，這當是 Ormuzd (Ahura Mazda) 的轉音。但 Almasdé 因演變關係不復 (如伊朗信仰) 爲創造神，而變爲一種惡鬼，住在河中，使洗澡游水的人淹斃 (p. 199)。

整個的世界是 Allah 或 Khoda 創造的。創造天的時候用了四十五天，創造水用六十天，樹木用四十五天，牲口用八十天；創造地和人各用七十五天，人是最後創造的。以上所用的天數和 Ahura Mazda 創造時完全一樣。世界是用水火土風四種原料創造 (p 199)。

帕米爾地帶又有神話說：湖中多馬，夜間出水，和陸地的馬匹相交，即育良馬種。(p 202) Wakhans人又說：漸長的月亮因吃星辰而增大，它吃飽時即作圓形；以後又將星辰吐出，所以越來越瘦(p 203)。伊朗有些神話稱帕米爾谷地爲人間天堂，並爲人類起源的搖籃地，但那些谷地自古以來似乎植物很少，幾乎爲不毛之地 (p; 208) 亞利士多德於紀元前三二二年曾聽說有帕米爾山。

按帕米爾有一帶地方名叫昆侖 (Garan)，該地的人吸收了古代波斯文化。Garan 當即 gurrah (波斯文指月亮。) 該他的 Garane 人即崑崙國人 (註四)，禹貢說西方有「織皮崑崙」。逸周書王會解以「正西崑崙」爲民族名。那麼，帕米爾 (葱嶺) 一帶的山也可以叫作崑崙山，山因地名，所以張騫去于闐找崑崙。該地有大夏人，這也是中國古代慣提的民族。該地有茶，又有中國炮臺。湖中的神話馬，與中國神話中青海之馬爲龍種者極似。月亮吃星辰與饕餮神話當屬同源。（筆者對於饕餮有專論）。屈原不得志即想去崑崙，漢武帝是學仙者所以派人去尋崑崙。都與帕米爾爲人間天堂的古傳相合。

禹貢的崑崙與渠搜連言，古代渠搜在葱嶺以西。（隋書西域傳）

五、Golomb 著作參攷

L.Golomb著 Die Bodenkultur in Ost-Turkestan副標題Oasenwirtschaft und Nomadentum, Freiburg, Schweiz 1959以帕米爾爲塔里木盆地的西南之山，和闐指該盆地之綠洲地。羅布淖爾爲塔里木河端的海。崑崙山爲塔里木盆地以南之山（PP153-154）

Ulao-usu（在Dsungare地方之綠洲地）河的字義（蒙古語）指「紅水」。伊犂河有支流名 Sarybolak 意爲「黃泉」。塔里木盆地又有河曰 Aksu 意爲「白泉」。（PP 153-155）

在崑崙山麓樹林很少，只有些樹叢直通山上。

南部的崑崙山中，也沒有樹林，只是間有些小樹叢。（見照片）在積雪的邊緣處並有美花開放（P 20）。Golomb（P.20註一）引證 Schlagintwet 所著的 Hochasien 說：崑崙山北坡高四千米，南坡高五千米，生有野草叢樹，並有野花十餘種。頁一六又說：崑崙山附近的草原地帶，在不久以前，尙有野馬和野駱駝。在崑崙及帕米爾的高谷之地，今日尙有野驢及旄牛。夏天在高地草原有斑雞。上空有鷹鷂飛翔。

見得塔里木盆以南之山爲崑崙山，此崑崙之名當非後起，因依 Olufsen 的調查，又有一地帶叫作 Garan（昆侖）。山海經西次三經崑崙山所流有色的四水，固然和東南西北四方色有些關係，但是否也和于闐的紅、黃、白水有基本關係，尚待考定。

依諸家調查，崑崙山一帶的生活環境，沒有人間樂園的情形，爲什麼古波斯人稱之爲「天堂」？爲什麼古代中國人也想望崑崙？是否因爲它是 the cradle of humanity?（Olufsen p208）因此人們都想念老家？老家是可愛的！（註五）

六、張騫與崑崙

史記大宛列傳太史公曰：「禹本紀言河出崑崙。崑崙，其高二千五百餘里，日月所相避隱爲光明也，其上有醴泉瑤池。（山海經西次三經、海內西經、天荒西經描寫崑崙更爲驚人。漢朝人心目中認爲是絕妙勝境）今自張騫使大夏之後也，窮河源，（似也相信伏流之說到于闐考察）惡睹本紀所謂崑崙者乎？故言九州山川，尚書近之矣，至禹本紀、山海經所有怪物，何不敢言之也」。（可見是依山海經所描寫者尋求崑崙）。張騫承奉漢武帝仙意尋求「其上有醴泉瑤池」以及山海經所描寫的絕妙崑崙，結果沒有找見，所以不必是沒有找見崑崙，而是沒有找見理想中的崑崙。所以說「惡睹禹本紀（和山海經）所謂崑崙者乎？」但理想的崑崙是神話崑崙，永久不會找見，因按 Olufsen 及 Golomb 二氏的調查，崑崙一帶沒有生活樂園的情景。

所以，河源潛流說以及張騫的西域之行，指給我們正式的崑崙在于闐一帶；有神話崑崙之說使人對實

于闐崑崙山照片 Photo: Golomb

際崑崙的所在陷入迷離。從太史公行文的語氣，只能說張騫沒有發見理想中的崑崙（註六），而不能斷定他沒有發見實際的崑崙，這是我們與其他學者意見不同之處。

山海經海內西經說：「海內崑崙之墟在西北（郭注：言海內者，明海外復有崑崙山。吳注引王崇慶云：疑其重出，恐非有二崑崙）帝之下都，崑崙之墟，方八百里，高萬仞」。郭注：「皆謂其墟基廣輪之高痺耳。自此以上二千五百餘里，上有醴泉華池，去嵩高五萬里，蓋天地之中也，見禹本紀」。吳注引神異經曰：「崑崙有銅柱焉，其高入天，所謂天柱也，圍三千里，圓如削」。（三千里尙有月亮神話意味。又，那座實際的山形是圓的？除非月山）江淹遂古篇云：崑崙之墟，海此間兮，去彼宗周，萬二千兮」。崑崙去宗周很遠。帕米爾爲人間天堂的傳說，當是中國神話崑崙描述的所本。禹本紀與山海經對崑崙描述已完全神話化，西域的實際崑崙當然不能對現，所以我們認爲張騫找到了實際的崑崙，只沒有找到神話描述的崑崙。

蘇雪林教授著「崑崙之謎」，（民國四十五年，中央文物供應社出版）（引夏德氏）以「和闐南部有喀喇科龍（Karakorum）山，其音儼與崑崙相近」（頁三十）。又在四一及五四頁以「巴比倫遠古傳說，即謂有一仙山曰 Khursag Kurkura」，並言 Kurkura 與崑崙音近。按此說良是；夏德所說的 Karakorum 當與 Kurkura 有淵源關係。古代的文化傳播有時使人不可設想，Kurkura 及 Karakorum. 實爲月（山）之意，亦皆指崑崙（月）山：南洋巴勞 Palau 島原始土人，以 Gorakiru 指圓月，此字與 Kurkura 及 Karakorum 當原爲一字，皆不過將「崑崙」之音重疊起來了。福建福安語稱月爲 Gulieng——論者有以喀喇 Kara 在蕃語指「黑」意者，這似乎是與「崑崙」之音偶合而然，其實，Kara 即等於 Gora（kiru）（月），不然，則 Kur（kura）也當指「黑」色了，似不如此。

蘇教授以巴比倫的亞拉拉特 Ararat 山即崑崙山，（頁四九——五〇）。今按 Ararat 也是月亮的意思，因 Harranians 人的語言中有 hallala 一字，意爲「新月」或「漸長之月」。（見拙著崑崙神話意義的發明，註九）hallala與Ararat 原爲一字，似無疑義。（美洲有 Hoka 人，稱月 halla）說阿拉拉特爲崑崙是對的，但崑崙山並不只爲此山。

Karakorum 既有月山之意，聲音又似崑崙，在地理上又爲于闐西南部之山，（見蘇著附圖一）那麼，于闐南山還不是崑崙山麼？古傳「伶倫」到「阮隃」（即崑崙）取竹，「在大夏之西」。

有 Ararat（月）山，又有 Karakorum（月）山，可見在漢武帝以前，已有以「月亮」或「崑崙」名山者，武帝以「崑崙」名于闐南山，似是接受了西域使者的報述，關於此點我們尙有下邊的理由。

武帝爲好仙之人，他願意尋覓的是崑崙仙山；但爲什麼把理想中的仙山名稱，甘心送與沒有好景色的于闐南山呢？實在因爲眞理不可泯滅，南山是崑崙，就沒別的話可講了。該地並且有Garan國和Garané民族，也是有崑崙山的旁證。

其實，詩經中的終南山，也已就是崑崙了，（見上文）中國人早已將月山名稱按在實際的山上了，和于闐及巴比倫古代作法相同，因這三地帶在基本上都有不少月亮神話。（當然這樣的神話當時也在許多其他地帶）。漢朝似已相信武帝所指的南山爲崑崙，風俗通山澤篇：「河出敦煌塞外崑崙山」。豈知終南山既亦即終隆山，也是崑崙，所以在詩經內意義很大。（見上文）

莊子庚桑楚：「老聃之役有庚桑楚者，偏得老聃之道，以北居畏壘之山」，（當在梁州）。畏壘當即wulan wulle wolle vilara字義爲「月」。（現代學人，一期頁一〇六——一〇七）。這些字等於「崑崙」，我們已證明了（同上）。

所以當時人因不知語音演變，遂以中國境內無崑崙山。事實上，中國人早已用月名名山了。

八、結　論

我們指示了廣義的崑崙和狹義的崑崙，解釋了實際的河源及神話式的河源。研究崑崙的所在應當注意河源問題，尋得河源也即尋得崑崙。神話式的河源把眞正的崑崙指示我們了。

研究崑崙應當注意南山，陝西、甘肅、及于闐的南山，果然也都是崑崙。古人崇拜南山，因爲南山是崑崙（註七）。爲什麼崑崙的意義那麼大？因崑崙一名和月神宗教相關。

似乎以崑崙名山是起於神話，「崑崙」在古代波斯指「月亮」，爪娃土人以為天上有山，名叫Meru，為世界之軸心（AlfredMaass, Altjavanische Tierkreisbecher, Z.f.E. Berlin 1933 P. 107)(註八)。密克勞尼亞西有的土人也以天上有山，名叫 Kuling（崑崙）。西亞的 Sinai 山意為月山。（A Jeremias, Das alte Testament im Lichte des Alten Orients, Leipzig 1930 P. 111）穀梁傳(成五年）也說「天有山」。這就是所謂「神山、玉京、閬苑」。（憚敬遊羅浮山記）東海方丈也稱崑崙。

從 Olufsen 及 Golomb 二氏的資料，也可以看出于闐有崑崙來，中國境內也早已有崑崙山了。

本文對於河水伏流以及大宛傳相關字句，有了新解釋；研究實際的崑崙似乎也離不開神話崑崙的資料。仔細觀察，所謂南山、終南山、及終隆山，也都和崑崙相關。

附　　註

（註一）魏源「葱嶺三幹考」：「葱嶺即崑崙……中幹自于闐南山起，……葱嶺河源，經回部匯於蒲昌海，在天山之南，于闐山之北，自蒲昌海東至玉關千餘里」，魏書西域傳稱于闐南山為凍凌山。漢書西域傳徐注「蒲犂谷」說：「蓋亦葱嶺谷」。按『蒲犂』當即南洋語言的Bu!an（月）譯音。西域尚有蒲類國、博羅國、及頗犂山，皆與「蒲犂」音近，（並見注四）又馬冠羣新疆地理載有「賀羅嶺」及「鶻勒山」。

（註二）史記大宛傳索隱：「張騫窮河源，至於大夏、于闐」。

（註三）張穆「昆侖異同考」：「唐書吐蕃傳曰：河之上流，由洪濟梁西南二千里，水益狹，其南三百里，三山中高而四下曰紫山，古所謂昆侖者也。……紫山今庫爾坤山」。（庫爾坤山包括三山，中有巴顏哈喇山）

（註四）筆者頗疑 Garané 爲月氏人。漢書西域傳：「大月氏國」。（補注：逸周書王會解：正北月氏。後漢有傳云：莎車西經蒲犁、無雷，至大月氏）又：「其餘小衆不能去者，保南山，羌號小月氏」。補注：「趙充國傳：匈奴使人至小月氏，傳告諸羌。後漢西羌傳：湟中月氏胡，其先大月氏之別也，舊在張掖酒泉地」。史記大宛傳：「大月氏……居嬀水北，其南則大夏，西則安息，北則康居，行國也，隨畜移徙，與匈奴同俗。……始，月氏居敦煌祁連間，及爲匈奴所敗，乃遠去過宛西，擊大夏而臣之，遂都嬀水北，爲王庭。其餘小衆不能去者，保南山，羌號小月氏」。

月氏部族似乎很雜，大宛傳以大月氏之北爲康居，隋書西域傳又以康居與月氏相關說：「康國者，康居之後也，……其王本姓溫，月氏人也」。又「挹怛國都烏滸水南二百餘里，大月氏之種類也」。古以肅州南山爲小崑崙，那邊也有小月氏。于闐南山爲大崙崙，那邊有大月氏。崑崙（原意爲月）與月氏有不解緣。史記五帝本紀「氐羌」連言，月氏即月羌，當即 Garané 人。大月氏都城叫作「薄羅」，與 bulan 音近。

後代西域國名有大勃律及小勃律之稱，唐書西域傳：「大勃律或曰布露，直吐蕃西，與小勃律接，玄宗滅小勃律，以其地爲歸仁軍，置兵戍之」。勃律當亦 bulan，也分大小。梁四公記：「杰公曰：勃律山之西有女國，山出台虺之水，女子浴之而有孕，其女舉國無夫」。

（註五）安特生 I. G. Andersson 以爲仰韶文化是農業和畜牧經濟。可注意者，家中多畜豕。（新石器時代）

安特生在甘肅也發現同於仰韶的文化。

河南仰韶文化中有半月式的刀。

安特生及其他學者，以爲中國新石器時代最早的文化已爲複雜的現象。半月式的石刀爲北亞文化的東西。

中國新石器時代早期有東古斯蒙古文化成分，又有苗族及 Shan 族（泰國及緬甸北部）成分。在仰韶時代又從西方來了一文化潮流，將器皿的彩繪和銅的使用帶上來了。O. Franke及O. Menghin以爲這是從吐火羅（大夏）來的。此外，中國文化中尚有不少其他成分。（L. Franz: Die älteste Kultur Chinas im Lichte der neuesten Ausgrabungen, Anthropos S. 313—317）

（註六）游國恩「讀騷論微初集」（頁四八——五一）說：「按古書中所載神怪事物最多的莫過於山海經。山海經是什麼書呢？劉歆說：『禹定高山大川，益與伯翳主驅禽獸，命山川，類草木……紀其珍寶奇物，異方之所生……絕域之國，殊類之人……著山海經』。今按此書內容，劉歆說的很詳盡，但他以爲伯益所記之則不可信。不過有一點該注意的；劉歆所以必以書附之禹益者，就是他認定這部神異記與古代實地考察的地理家有關係的。所以王充論衡談天篇也說：『禹之治洪水，以益爲佐。禹主治水，益主記異物，極天之廣，窮地之長，辨四海之外，竟四山之窮，三十五國之地，鳥獸草木、金石、水土、莫不畢載』。列子湯問篇也說：『大禹行而見之，伯益知而名之』。可見古說相傳，並非劉歆一人創論，妄爲此言以欺人的。又考山海經一書與禹本紀同，史記大宛傳贊曰：「禹本紀言河出崑崙，崑崙，其高二千五百餘里，日月所相避隱爲光明也，其上有醴泉，瑤池」。是古代涉及神怪的記載，託於禹益者，不止山海經一書。故太史公接着又說：『故言九州山川，尙書近之矣。至禹本紀、山海經所有怪物，余不敢言之也。』可見二書的性質的確相同」。又：「凡講地理者，必驗諸生物，如逸周書王會篇備記四夷九域的國，必附記其物產；淮南子墬形訓主記四方水土，亦必及其生物和珍異，這都是很明白的例證。所以劉歆把山海經歸之禹益，不爲無因。試看鄒衍修言天地，而必先列中國名山、大川、通谷、禽獸，水土所殖，物類所珍，因而推之及海外，人之所不能睹，豈非這種原因嗎？豈非地理學家好奇的明徵嗎？又考周禮春官鍾疏引五經異義，有『古山海經鄒子書』云云，尤足以證明衍說與山海經有關，換句話說，即陰陽家或地理家與神怪的思想有關。安知山海經一類神怪的書，非秦漢間人雜采衍說，或就陰陽家言推演附會而成的呢？……可惜鄒衍的學說只是一種理想，不但不能使人相信，反而受人家的攻擊。……到而今海陸交通，科學家、探險家所發見不會見過的東西，奇奇怪怪，正多得很，恐怕還有山海經和屈賦等書所夢想不到的哩。」

上引的一段話，證明自古迄今的學者因不明白月亮神話所受的困惑。今日已世界大通，那裏有山海經所說的奇怪東西呢？所以都是神話，這種神話司馬遷也不明白。奇怪的神話，實與陰陽家相關，但因古人已不明白陰陽家究竟有什麼根據，又不明白究竟什麼是陰陽，所以也不能解釋奇怪的神話。（陰陽指月亮的幽明而言，我們早有證明）

郭璞看見過「禹本紀」（以前學者也看見過），此書言崑崙在嵩山之上五萬里，在天地的中間；另一方面，山海經也以崑崙爲月山，所以禹本紀和山海經都提說月亮神話。張騫沒有看見禹本紀記述的崑崙，也就是沒有看見山海經描寫的崑崙，漢武帝所按的圖書，學者已都說是山海經。

萬斯同「崑崙河源考」：「或曰：史記言張騫至大夏之後，窮河源焉，烏睹所謂崑崙，則禹本紀山海經之言不足信矣！曰：河所出之山本不名崑崙，乃漢武按古圖書錫以此名。」但萬氏又說：「漢武之錫名崑崙，亦必審覈而後定，夫豈漫然率意加之哉」？漢武稱于闐山爲崑崙。

（註七）詩天保：「如月之恆……如南山之壽」。

（註八）Maass說："Interessant ist auf einer altjavanischen Skulptur mit Reliefdarstellungen —die in Sirah Kent Jong gefunden wurde-den Himmelsberg Meru(die Weltachse mit den vier Windrichtungen) der von einer Schildkröte (der Weltbahn) getragen wird (與列子龍負山義同) zu sehen. Um den Berg ringelt sich die Glückschlange wasuli Welche von einigen Figuren der Planeten getragen wird. (P. 107)

第二編　古代仙境與仙者

第一章　古代仙山仙境與仙者

本文注意的是西王母和黃帝，黃帝似乎是中國修仙的祖師；西王母是仙者，但沒有關於她「修」仙的記述，她好像生來即爲仙者一樣。

藉這機會，我們可以爲漢學家把西王母和黃帝說明一下，因爲他們至今尙不明白這兩個神話角色。彭祖和老子的描述時代較後，也不妨拿來談談。

雖然沒有山也可以有仙者的記載，修仙不必只在山中，但說到最後，似乎還是離不開山，只從「仙」字已可以見得。

大家都看出來，這樣的文章，離不開材料的收集，如果稱本文爲一種仙事滙編，也無不可。我們說的話不多，但也必須摘出要點，澈底發揮，因爲食古不化，又何必食古？

仙山叫作崑崙，也有許多不取名崑崙的仙山，但在意義上也等於崑崙山。修仙究竟是從何所起，這是本文願意答覆的問題，今先從仙山說起。

一、古代神話的仙山

海內西經：「海內崑崙之墟在西北，帝之下都。崑崙之墟，方八百里，高萬仞。……有開明獸守之」

。又：「開明獸身大類虎，而九首，皆人面、東嚮、立崑崙上」。「開明西有鳳皇鸞鳥。……開明北有視肉、珠樹、文玉樹、玕琪樹、不死樹」。

又海內西經有「不死樹」。郭注：「言長生也」。鴻烈解以「玉樹、琁樹、不死樹在崑崙西」。林中記云：「金華殿後有長生樹，世謂之西王母長生樹」。張衡思玄賦：「登閬風之層城兮，搆不死而爲牀」。徐陵天台碑：「不死之草，猶稱南裔；長生之樹，尙挺西崑」。

大荒南經：「有不死之國，阿姓，甘木是食」。郭注：「甘木即不死樹，食之不老」。吳注引劉會孟云：「祖州海島，產不死草，一株可活一人」。盧柟蠛蠓集云：「瓊瑰不死之芝，玿岩返魂之樹」。（吳註）

列子蓬萊之山，琅玕之樹叢生。許景樊望仙詩：「三花珠樹春雲香」。王嘉拾遺記：「崑崙山第六層有五色玉樹，蔭翳五百里，夜至水上，其光如燭」。括地象：「崑崙墟北有玉樹」。淮南子云有玉樹在赤水之上。漢武故事云：「前庭種玉樹」。神異經以「瀛洲之山有琪樹瑤草」。（吳註）

博物誌卷一：「名山生神芝不死之草，上芝爲車馬，中芝爲人形，下芝爲六畜」。又：「和氣相感則生朱草，山出象車，澤出神馬，陵出黑丹，阜出土怪」。

抱朴子祛惑篇載好道修仙的蔡誕說：「初誕還云：從崑崙來。諸親故競共問之：崑崙何以（當作似）？答云：天不問其高幾里，要於仰視之，去天不過數十丈也。上有木禾，高四丈九尺，其穗盈車。有珠玉樹、沙棠、琅玕、碧瑰之樹、玉李、玉瓜、玉桃，其實形如世間桃李，但爲光明洞徹而堅，須以玉井水洗之，便輭而可食。每風起，珠玉之樹、枝條光葉，互相扣擊，自成五音，清哀動心，吾見謫失志，聞此莫不愴然含悲。又見崑崙山上，一面輒有四百四十門，門廣四里內，有五城十二樓，樓下有青龍白虎蟉蛇，長百餘里，其中口牙，皆如三百斛船，大蜂一丈，其毒煞象。又有神獸名獅子，辟邪天鹿焦羊，銅頭鐵額，長牙鑿齒之屬，三十六種。」

博物誌卷一：「河圖括地象曰：地南北三億三萬五千五百里，地祁之位，起形高大者，有崑崙山，廣萬里，高萬一千里，神物之所生，聖人仙人之所集也。出五色雲氣，五色流水，其泉南流入中國，名曰河也。其山中應於天，最居中，八十城布繞之，中國、東南隅居其一分，是好城也。崑崙山北地轉下三千六百里，有八玄幽都，方二十萬里，地下有四柱，廣十萬里；地有三千六百軸，犬牙相牽；名山大川，孔穴相內，和氣所出，則生石脂玉膏，食之不死；神龍靈龜，行於穴中矣。東方有蜻鄉、沃燋、防風氏，長三丈；短人處九寸，遠夷之名，雕題，黑齒、穿擔耳、天竺、歧首，地以名山爲輔佐，石爲之骨，川爲之脈，草木爲之毛，土爲之肉，三尺以上爲糞，三尺以下爲地」。

以下的神話山，雖不是崑崙，但也是月山。

大荒西經：「大荒之中，有山名曰大荒之山，日月所入。有人焉，三面，是顓頊之子，三面一臂，三面之人不死」。呂氏春秋有一臂三面之鄉。

海內經：「流沙之東，黑水之間，有山名不死之山」。（郭：即員丘也）。

南山經招搖之山有草，「食之不饑」。南次三經丹穴之山有鳥，「見則天下安寧」。又長留之山，「實惟員神磈氏之宮」。天山有「狀如黃囊」的渾敦神。北山經有譙明之山及涿光之山。山發光！中山經甘棗之山，有草「可以已瞢」。霍山有獸，「養之可以已憂」。十二次經夫夫之山，有于兒神，「常遊於江淵，出入有光」。

海外西經：「白民之國，在龍魚北，白身被髮。有乘黃，其狀如狐，其背上有角，乘之壽二千歲」。

郭注：「淮南子曰：天下有道，飛黃伏皁」。

海外西經：「奇肱之國，其北，其人一臂三目，有陰有陽乘文馬」。

海外南經：「不死民在其（交脛國）東，其為人黑色，壽不死」。（郭注：有員丘山，上有不死樹，食之乃壽；亦有赤泉，飲之不老）。

海外南經：「狄山、帝堯葬於陽，帝嚳葬於陰」。海外北經：「務隅之山，帝顓頊葬於陽，九嬪葬於陰」。海內南經：「蒼梧之山，帝舜葬於陽，帝丹朱葬於陰」。

海外西經：「大運山高三百仞」。

依上文所引崑崙去天不過數丈，上有青龍白虎，按青龍、白虎為月亮神話，月形如龍又如虎，（筆者在拙著山海經神話系統論四靈章已有證明）。

又崑崙山北地轉下三千六百里，有幽都。幽都指月的陰面。食崑崙的石脂玉膏則不死，是根據月亮不死的神話，不然，那有食之不死的石和玉？不死之國定然也指神話的月國。

崑崙和不死觀念有不解之緣，其上有不死之草，長生樹和不死之樹。崑崙的玉樹蔭翳五百里，這的確是世界大樹，（即月樹）

三面之人不死，是指月人神話。不死之山稱為員丘，又有員神。員神和員丘都會發光（月）。有的草可以食之不饑，又有草可以已瞢。又有的獸乘之可壽二千歲。黑色的人不死，（月黑面不久變為陽面）。

二、西王母仙者

大荒西經：「西有王母之山、壑山、海山、有沃之國，沃民是處。沃之野，鳳鳥之卵是食，甘露是飲，凡其所欲，其味盡存。」

大荒西經：「有大山名曰崑崙之丘，有神人面虎身。……有人戴勝虎齒，有豹尾，穴處，名曰西王母」。郭注：「河圖玉版亦曰西王母居崑崙之山。西山經曰西王母居玉山。穆天子傳曰乃紀名迹於弇山之石，曰西王母之山也。然則西王母雖以崑崙之宮，亦自有離宮別窟遊息之處，不專住一山也，故記事者各舉所見而言之。」——按月山有許多名稱，西王母爲月神，可以住在一切的月山上）

吳注：「胡應麟筆叢曰：經稱西王母豹尾虎齒，當是人類殊別。考穆天子傳云：天子賓于西王母，觴于瑤池之上，西王母爲天子謠，天子執白圭玄璧及獻錦組百，純組三百，西王母再拜受之。則西王母服食語言，絕與常人無異，並無所謂豹尾虎齒之象。惟司馬大人賦有豹尾虎齒之說，蓋據山海經耳。乃山海經則何所據哉？（這是不明白山海經神話）任臣竊謂西王母，黃帝時乘白鹿授地圖，舜時獻白玉琯，穆王時西王母來賓，特不過西方一國，如八百媳婦名爾。若豹尾虎齒，則亦貫胸儋耳之類，又何足怪？後世好事家以西王母等于麻姑上元夫人之列，甚至謂漢武帝降西王母于七夕，若果有其事者，則文人附會之過也。」（也是不明白月亮神話）

西次三經：「西王母，其狀如人，豹尾虎齒，而善嘯，蓬髮戴勝，是司天之厲及五殘」。吳注：「帝王世紀曰：崑崙之北，玉山之神，人身虎首，豹尾蓬頭。又廣記云：蓬髮戴華勝，虎齒善嘯者，此乃王母之使，金方白虎之神，非王母眞形也。其說未足信」。

郝疏：「厲及五殘皆星名也。鄭注（月令）云：此月（季春）之中，日行歷昂，昂有大陵積尸之氣，氣佚則厲鬼隨而出行，是大陵主厲鬼。昂爲西方宿，故西王母司之也。五殘者，史記天官書云：五殘星出正東東方之野，其星狀類辰星，去地可六七丈。正義云：五殘一名五鋒，出則見五方毀敗之徵，大臣誅亡之象。西王母主刑殺（月爲刑神），故又司此也」。（月也在東天，可司天之五殘）。穆天子傳以「西王母爲天子謠曰：白雲在天，山陵自出」，說山陵自然而然的出來，非月山莫屬。又：「西王母又爲天子吟曰：徂彼西土，爰居其所，虎豹爲羣（西王母又與虎豹有分別），烏鵲與處，嘉命不遷，我惟帝女」。（

註一）

西次三經以西王母居玉山。吳注：「闞駰十三州志：赤水西有白玉山，山有西王母堂室。外國圖曰：西王母國前弱水中有玉山白兎」。月中有兎，不只爲中國神話。又：「老君中經集仙傳、諾皐記、書記洞詮諸書云：西王母，九靈太妙龜山金母也，姓緱氏，名婉姈，一云姓楊名回，與東王公共理二氣，乃西華之至妙；洞陰之極尊」。段成式諾皐記也說：「西王母姓楊名回，治崑崙西北隅」。

郝疏西次三經玉山條：「西王母國名，見於竹書紀年、及大戴禮，爾雅釋地以西王母與觚竹、北戶、日下並數，謂之四荒，是爲國名無疑。此經及穆天子傳始以爲人名。荀子云：禹學於西王國。莊子大宗師篇云：西王坐乎少廣」。按以西王母爲國名或爲人名的說法，都有些神話根據。月山可演爲月國，神話又視月形爲人形。

Erkes著Das Weltbild des Huai-nan-tze 一文，述及漢學家和他自己對於西王母的意見說：西王母是一女王 das Oberhaupt eines mutterrechtlich nach Art der alten Tibeter regierten Volkes im Westen. 又：西王母雖有神話的裝飾，但她是個歷史人物 Eine historische Personlichkeit。穆天子傳和列子周穆王篇用小說語法描寫她，但歷史上記載着她，因竹書紀年說她來拜訪舜。學者如 Legge, Chavannes 及 Hirth (The Ancient History of China. p. 148/149)，以為西王母一名不指西方女王，而是把一個民族的名稱誤傳為一個人了。Erkes 則曰：然古書中直稱西王母為一婦人，她也自稱「我惟帝女」（穆天子傳）。Forke 著 Mu-wang und die Königin von Saba 一書，這書的立論固然荒唐難信，但也稱西王母為一婦人。(Erkes)

統上所述，即知中外學者，都未明白西王母究竟為誰。不明白崑崙山是什麼，當然即也不明白住在崑崙山上的人物。學者不明白的虎身、虎齒、豹尾，只有用月人神話來解釋，此類的描寫充滿了山海經。

漢朝桓驎著西王母傳，稱西王母為「金母，生而飛翔」、生於「道氣」，居於「崑崙之圃」和「光碧之堂」。西王母是月神。但這月神，似乎有人間世的根據，我們以為易經晉卦所說的「王母」（周之先妣）當就是西王母神話形成的依據。所以商朝沒有西王母，西王母神話特別在周朝發達起來。神話以西王母拜訪帝舜，明是演出的說法。周穆王也和西王母酬酢，證明當時對於西王母演變的所本，已失傳了。

古史以西王母向帝舜進貢，但帝舜只是神話人物，（見拙著中國古代宗教系統論上帝章）所以都是神話。西王母與東王公共理二氣，又說她和道氣相關，道氣定指月的陰陽二氣，（道即月亮筆者有不少證明）。

西王母居玉山，又居崑崙山，二山皆為月山，在那裏可以食鳳卵、飲甘露，有一切的好滋味，月山是一種天堂。西王母名婉姈，按即南洋的wulan（月）。

博物誌卷三：「漢武帝好仙道，祭祀名山大澤，以求神仙之道。時西王母遣使，乘白鹿告帝當來，乃供帳九華殿以待之。七月七日夜漏七刻，王母乘紫雲車，而至於殿西南，面東向，頭上戴七種青氣，鬱鬱如雲。有三青鳥如烏大使侍母旁，時設九微燈，帝東面西，向王母索七桃，大如彈丸，以五枚與帝，母食二枚。帝食桃，輒以核著膝前。母曰：取此核將何爲？帝曰：此桃甘美，欲種之。母笑曰：此桃三千年一生實。唯帝與母對坐，其從者皆不得進。時東方朔竊從殿南廂朱鳥牖中窺母。母顧之謂帝曰；此窺牖小兒嘗三來盜吾此桃。帝乃大怪之。由此，世人謂方朔神仙也」。

西王母是神仙，她在七月七日夜間七刻，乘紫雲車前來，頭上有七種青氣，武帝向她索七桃，仙桃三千年一生實，東方朔竊桃成仙人。這一些話都非用月亮神話不得解釋。七數爲月亮神話數字，（拙著山海經神話系統論月數字章）。三千年指一月三十天，桃樹爲世界大樹（月樹），見論衡訂鬼篇引山海經。漢武帝仙意很濃厚，他仰慕西王母仙者。淮南子覽冥訓：「羿請不死之藥於西王母。」

三、黃帝爲仙者

西次三經峚山「上多丹木，員葉而赤莖，黃華而赤實，其味如飴，食之不飢。（吳引陶潛讀山海經詩：丹木生何許，迺在峚山陽，黃華復朱實，食之奉命長）丹水出焉，西流注於稷澤，其中多白玉，是有玉膏，其源沸沸湯湯，（郭引河圖玉版曰：少室山，其上有白玉膏，一服即仙矣。—筆者按詩含神霧：少室之山巔亦有白玉膏，得服之即得仙道，世人不得上也—亦此類也。吳注：玉膏即玉髓，或謂之玉液，又謂之玉脂。十洲記云：瀛洲有玉膏，名曰玉醴，飲數升輒醉。抱朴子云：生玉之山，有玉膏流出，鮮明如水精，以無心草末和之，須臾成水，服之長生。圖贊曰：丹木煒爗，沸沸玉膏，黃軒是服，遂攀龍豪，渺然升遐，羣下烏號）黃帝是食是饗，（郭：所以得登龍於鼎湖而蛻也）是生玄玉，（郭：言玉膏中又出黑玉膏）玉膏所出，以灌丹木。丹木五歲，五色乃清，五味乃馨。黃帝乃取峚山之玉榮，（郭：謂玉華也。離騷曰：懷琬琰之華英，又曰：登崑崙兮食玉英）而投之鍾山之陽，（郭以為玉種）瑾瑜之玉為良，堅粟精密。濁澤而有光，五色發作，以和柔剛，天地鬼神，是食是饗，君子服之，以禦不祥」。黃帝在峚山（月山）食玉膏，種玉樹，其實月山也有時稱為玉山。服白玉、玉膏可以長生。初學記引十洲記云：「瀛洲有玉膏如酒，名曰玉酒，飲數升輒醉，令人長生」。淮南子俶眞訓：「鍾山之玉，炊以鑪炭，三日三夜而色澤不變」。三日三夜（月在晦朔之數）根據月亮神話。

大荒西經「有軒轅之國，（郭：其人人面蛇身），江山之南為棲，（郭：山居為棲）不壽者乃八百歲」。（郭：壽者數千歲）

海外西經：「軒轅之國，在此窮山之際，其不壽者八百歲。在女子國北，人面蛇身，尾交首上。窮山在其北……其丘（軒轅丘）方，四蛇相繞。此諸天之野，鸞鳥自歌，鳳鳥自舞。鳳皇卵、民食之；甘露、民飲之，所欲自從也」。

莊子天地篇：「黃帝遊乎赤水之北，登乎崑崙之丘」。新書修政篇：「黃帝涉流沙，登于昆侖」。淮南子覽冥訓：「黃帝治天下，……日月精明」。論衡道虛篇：「儒書言：黃帝採首山銅，鑄鼎於荊山下，鼎既成，有龍垂胡髯，下迎黃帝。黃帝上騎龍，羣臣後宮從上七十餘人，龍乃上去。餘小臣不得上，乃悉持龍髯；龍髯拔，墮黃帝之弓，百姓仰望。黃帝既上天，乃抱其弓與龍胡髯吁號，故後世因其處曰鼎湖，其弓曰烏號。太史公記誄五帝，亦云：黃帝封禪已仙去，羣臣朝其衣冠，因葬埋之」。

抱朴子微旨篇：「俗人聞黃帝以千二百女昇天，便謂黃帝單以此事致長生，而不知黃帝於荊山之下，鼎湖之上，飛九丹成，乃乘龍登天也」。

又金丹篇：「黃帝九鼎神丹經曰：黃帝服之，遂以昇仙，又云：雖呼吸道引，及服草木之藥，可得延年，不免於死也。服神丹，令人壽無窮，已與天地相畢，乘雲駕龍，上下太清，黃帝以傳玄子」。又：「上士得道，昇爲天官；中士得道，棲集崑崙；下士得道，長生世間」。對俗篇：「古之得仙者，或身生羽翼，變化飛行」。

黃帝昇仙，長生不死，（註二）神話不肯使他和月山擺脫關係。到了後代乃以得仙和服丹相關。（註三）

黃帝的得仙，又說是修來的：

抱朴子極言篇：「昔黃帝生而能言，役使百靈，可謂天授自然之體者也，猶復不能端坐而得道，故陟王屋而授丹經，到鼎湖而飛流珠，登崆峒（即Kato.月山）而問廣成，之具茨而事大隗，適東岱而奉中黃，入金谷而諮涓子，論道養則資玄素二女，精推步則訪山稽力牧，講占候則詢風后，著體診則受雷岐，審攻戰則納五音之策，窮神奸則記白澤之辭，相地理則書青烏之說，救傷殘則綴金冶之術，故能畢該祕要，窮道盡眞，遂昇龍以高躋，與天地乎罔極也」。

列子黃帝篇：「黃帝即位十有五年，喜天下戴己，養正命，娛耳目，供鼻口，燋然肌色皯黴，昏然五情爽惑。又十有五年，憂天下之不治，竭聰明，進智力，營百姓，焦然肌色皯䵟，昏然五情爽惑。黃帝乃喟然讚曰：朕之過淫矣，養一己其患如此，治萬物其患如此，於是放萬機，舍宮寢，去直侍，徹鐘懸，減廚膳，退而閒居大庭之館，齋心服形、三月不親政事，晝寢而夢，遊於華胥氏之國，華胥氏之國在弇州之西，台州之北，不知斯（離也）齊（中也）國幾千萬里，蓋非舟車足力之所能及，神游而已，其國無帥長，自然而已；其民無嗜欲，自然而已；不知樂生，不知惡死，故無夭殤；不知親己，不知疎物，故無愛憎；不知背逆，不知向順，故無制害。都無所愛惜，都無所畏忌，入水不溺，入火不熱，斫撻無傷痛，指擿無痟癢，乘空如履實，寢虛若處牀，雲霧不硋其視，雷霆不亂其聽，善惡不滑其心，山谷不躓其步，神行而已。黃帝既寤，悟然自得，召天老、力牧、太山稽告之曰：朕閒居三月，齋心服形，思有以養身治物之道，弗獲其術，疲而睡，所夢若此，今知至道不可以情求矣。朕知之矣，朕得之矣，而不能以告若矣。又二十有八年，天下大治，幾若華胥氏之國，而帝登假」。

以上描述，頗有至人和仙人意境，至人、仙人屬於月亮神話，筆者在他處已有證明。「三」數、「十五」數、「二十八」數，都是月亮神話的數字。月亮出現二十八天，用之形容在二十八天後黃「帝登假」。「閒居三月」和「三月不親政事」以月入晦朔（三天）爲依據。黃帝爲月神，我們早有證明。（拙著中國古代宗敎系統頁八六——八八）博物志八：「黃帝登仙，其臣左徹者，削木象黃帝，帥諸侯以朝之，七年不還，左徹乃立顓頊，左徹亦仙去也」。

黃帝是上帝的演變，（拙著中國古代宗敎系統論上帝章）他在演爲一個神話中的名人後，即被認爲是學道學仙者，其實，黃帝之爲黃帝，起始已演爲月神。神話以他爲一個重要的人物，並以他爲著名的仙者。當然，他以月神資格的基礎，很靠近仙道長生。

四、彭祖傳說

晉葛洪神仙傳卷一：「彭祖者，姓籛諱鏗，帝顓頊之玄孫也，殷末已七百六十七歲，而不衰老，少好恬靜，不卹世務，不營名譽，不飾車服，唯以養生治身爲事。王聞之以爲大夫，常稱疾閑居，不與政事，善於補導之術，服水桂、雲母、粉糜、角散，常有少容，然性沉重，終不自言有道，亦不作詭惑變化鬼恠之事，窈然無爲，少周遊，時還獨行，人莫知其所詣，伺候竟不見也。有車馬而常不乘，或數百日，或數十日，不持資糧，還家則衣食，與人無異。常閉氣內息，從旦至中，乃危坐拭目，摩搦身體，舐脣咽唾，服氣數十，乃起行言笑。……

又采女者，亦少得道，知養性之方，年二百七十歲，視之如五六十歲，奉事之於掖庭，爲玄華屋紫閣，飾以金玉，乃令采女乘輜軿，往問道於彭祖，既而再拜，請問延年益壽之法。彭祖曰：欲舉形登天上，補仙官，當用金丹，此九召太一所以白日昇天也；此道至大，非君王之所能爲。其次當愛養精神，服藥草，可以長生，但不能役使鬼神，乘虛飛行。身不知交接之道，縱服藥無益也。能養陰陽之意，可推之而得，但不思言耳，何足恠問也。……大宛山有青精先生者，傳言千歲，色如童子，步行日過五百里，能終歲不食，亦能一日九食，眞可問也。采女曰：敢問青精先生是何仙人者也？彭祖曰：得道者耳，非仙人也。仙人者，或竦身入雲，無翅而飛；或駕龍乘雲，上造天階，或化爲鳥獸，遊浮青雲；或潛行江海，翺翔名山；或食元氣，或茹芝草；或出入人間而人不識，或隱其身而莫之見；面生異骨，體有奇毛，率好深僻，不交俗流，然此等雖有不死之壽，去人情，遠榮樂，有若雀化爲蛤，雉化爲蜃，失其本眞，更守異氣，余之愚心，未願此已。入道當食甘旨，服輕麗，通陰陽，處官秩耳，骨節堅强，顏色如澤，老而不衰，延年久視，長在世間，寒溫風濕不能傷，鬼神衆精莫敢犯，五兵百蟲不可近，嗔喜毀譽不爲累，乃可爲貴耳。人受氣雖不知方術，但養之得宜，常至百二十歲，不及此者傷也。小復曉道，可得二百四十歲，加之可至四百八十歲，盡其理者可以不死，但不成仙人耳。

夫冬溫夏涼，不失四時之和，所以適身也；美色淑姿，幽閑娛樂，不致思欲之惑，所以通神也；知足無求，所以一志也；八音五色，以悅視聽，所以導心也，凡此皆以養壽；而不能斟酌之者，反以速患。古之至人，恐下才之子不識事宜，流遯不還，故絕其源。……能避衆傷之事，得陰陽之術，則不死之道也。天地晝分而夜合，一歲三百六十交，而精氣和合，故能生產萬物而不窮，人能則之，可以長存。次有服氣得其道，則邪氣不得入。……采女具受諸要以敎王，王試之有驗。殷王傳彭祖之術，屢欲秘之，乃下令國中，有傳祖之道者誅之。又欲害祖以絕之，祖知之乃去，不知所之。其後七十餘年，聞人於流沙之國西見之，王不常行彭祖之術，得壽三百歲，氣力丁壯如五十，時得鄭女妖婬，王失道而殂」。

彭祖在殷末已七百六十七歲，又活了七十餘年，傳說沒有說他死亡，因爲他是得道者。神仙傳將得道者與仙人分爲二者，說彭祖不願爲仙者，只願不死，因仙者可以變化，失去人的本眞，彭祖則希望保存本眞，不失爲人，只願不死而已。這些說法，顯然是後出的演繹，因古代的得道不死者，即是仙人。仙人不死，得道者亦不死；「仙」字與月山有密切關係，「道」字原指月亮，所以古代以「仙道」連言。（註四）搜神記卷一：「歷陽有彭祖仙室」。

為得不死之道，當隱身養性，咽唾服氣，通達陰陽，免去思慾，這是神仙願望在實際上也有益於古人的衛生了。

至於說竦身入雲，無翅而飛；駕龍乘雲，上造天階；遊浮青雲，潛行江海，翱翔名山，實尚有月亮周流六虛的遺意。

仙人的變化，「有若雀化為蛤，雉化為蜃」，(可見夏小正及禮記月令)、又是說月亮變化的形似。

搜神記卷十二：「千歲之雉，入海為蜃；百年之雀，入海為蛤；(婆羅洲達雅克人說：起始時鳥不死，活至百歲則入水，出水後仍如從前一樣)千歲黿鼉，能與人語；千歲之狐，起為美女；千歲之蛇，斷而復續；百年之鼠，而能相卜，數之至也。春分之日，鷹變為鳩；秋分之日，鳩變為鷹，時之化也。故腐草之為螢也，朽葦之為蛬也，稻之為蛩也，麥之為蝴蝶也，羽翼生焉，眼目成焉，心智在焉，此自無知化為有知，而氣易也。隺之為麞也，蛬之為蝦也，不失其血氣而形性變也。若此之類，不可勝論。應變而動，是為順常；苟錯其方，則為妖眚，故下體生於上，上體生於下，氣之反者也。人生獸，獸生人，氣之亂者也。男化為女，女化為男，氣之貿者也。魯牛哀得疾，七日化而為虎，形體變易，爪牙施張；其兄啓戶而入，搏而食之；方其為人，不知其將為虎也，方其為虎，不知其常為人也」。又：「淮南畢萬曰：千歲羊肝化為地宰，蟾蜍得苽卒時為鶉，此皆因氣化以相感而成也」。又：「管子曰：涸澤數百歲，谷之不徙，水之不絕者，生慶忌，其狀若人，其長四寸，衣黃衣，冠黃冠，戴黃蓋，乘小馬，好疾馳，以其名呼之，可使千里外一日反報。然池陽之景者，或慶忌也乎！」

這都是月形變換的神話，這種神話又是變化不死的依據，與輪迴相關。

古代尙有其他仙者，（註五）我們只尙再看看老子。

五、老子與仙道

神仙傳卷一：「老子者，名重耳，字伯陽，楚國苦縣曲仁里人也。……或云老子先天地生，或云天之精魄，蓋神靈之屬。或云母懷之七十二年乃生，生時剖母左腋而出，生而白首，故謂之老子。……或云上三皇時爲玄中法師，下三皇時爲金闕帝君，伏羲時爲鬱華子，神農時爲九靈老子，祝融時爲廣壽子，黃帝時爲廣成子，顓頊時爲赤精子，帝嚳時爲祿（疑當作綠）圖子，堯時爲務成子，舜時爲尹壽子，夏禹時爲眞成子，殷湯時爲錫則子，文王時爲文邑先生，一云守藏吏。……老子恬淡無欲，專以長生爲務者，故在周雖久而名位不遷者，蓋欲和光同塵，內實自然，道成乃去，蓋仙人也。……老子將去，而西出關，以昇崑崙，關令尹喜占風氣，逆知當有神人來過，乃掃道四十里，見老子而知是也。……具以長生之事授喜，喜又請敎誡，老子語之五千言，喜退而書之，名曰道德經焉。尹喜行其道，亦得仙。漢竇太后信老子之言，孝文帝及外戚諸竇皆不得不讀，讀之皆大得其益」。

關於老子個人的如此傳說，當然不是事實，但可以含有眞實文化的情形。說老子剖母左腋而生，爲天之精魄；在不同名稱之下，自三皇時活至文王時代，的確是長生仙者，他是仙人，又說是神人或神靈，並且要西至崑崙上，這一切傳述，都非用月亮神話得不到解釋。譬如，魄與月亮相關，剖左腋生與月亮相關。（見拙著中國古代宗敎系統頁一六〇——一六一）

趁這機會，正好看出「仙」與「道」的相關，道德經是得仙的「敎誡」。若順着仙道的意思來說，這種敎誡，比起後代所謂神丹養氣一類的方法，更接近仙意，因爲道德經的敎誡，是直接建築在月亮神話上，「和光同塵」是道德經的敎訓。如果能和月亮一齊光明，又一齊晦暗（塵），光盡暗來，暗後光來，那有死滅的時候？莊子以「道昭而不道」，月的暗面並非死滅。所以長生不死的觀念，正好用月亮來譬況。但譬況只是譬況，人是不能不死的。修仙意境只是把月亮的不死貼合在人身上。文化的演變，遂把這種貼合認爲是事實。

無論如何，道德經的仙道敎誡，總比所謂神丹和修鍊離所謂不死觀念更近，因爲它總是用一套月亮神話作基礎。

因此，上文所云黃帝和彭祖的修鍊，都是正式道家以後的推演說法。莊子的內容，當也屬於所謂修仙的「敎誡」，遠勝後代的符丹。

依道家的仙法有「道」即够了，但傳說仍然以老子到崑崙山去。

今略從道德經中說明不死觀念的根據與月有關。

老子第六章：「谷神不死，是謂玄牝；玄牝之門，是謂天地根，綿綿若存，用之不勤。」L. Wieger 譯文如左：

Chap. 6. Texte. La puissance expansive transcendante qui réside dans l'éspace médian, (la vertu du Principe) ne meurt pas. (Elle est toujours la même, et agit de même, sans diminution ni cessation.) Elle est la mère mystérieuse (de tous les êtres) .La porte de cette mère mystérieuse est la racine du ciel et de la terre, (le Principe) .Pullulant, elle ne dépense pas. Agissant, elle ne fatigue pas.

道德經根據月亮神話寫成，Wieger 既不明白此種神話，怎能有確切的譯文？我們可以譯該段文如左：

La divinité de la vallée ne meurt pas. Elle est une vache noire. La porte (le vagin) de la vache noire est la racine du ciel et de la terre (de tous les êtres.) Elle (la vache noire) semble subsister sans cesse et agir sans fatigue.

谷神是一隻神話黑牛，黑牛生天生地及一切萬物，此處的天地是月面的陽面和陰面，萬物指一切不同的月形，月形什麼也可以相似。黑牛常存不死，充滿繁殖的力量，總不疲乏。

黑牛不死，是不死觀念依據中的一個神話說法，今從老子二十五章再看月亮不死說：「有物混成（月神話），先天地生（所以生天生地），寂兮寥兮，獨立而不改（莊子大宗師：長於上古而不爲老），周行而不殆（月亮周流六虛），可以爲天下母。吾不知其名，字之曰道（道即月），强爲之名曰大。大曰逝，（月圓即消）逝曰遠，（向遠逝去），遠曰返（逝去又回來）」。（周行，故曰返。山海經稱月馬爲騶善還。易復卦：「反復其道」。）

道（月）不死，黑牛（黑月）也不死，遂成了人不死的象徵，古人愛與月亮相比，演爲人類可以不死。（註六）

六、結論

仙山爲月山；不特崑崙爲月山，其餘的山也是月山，我們不必把神話中的每一句話都加解釋，讀者可以自會其意，因所有細節目都是演出的說法。在大體上指出積極的意義，本文的責任已算盡到。

不死的觀念，是在月亮神話中演出的，不獨中國如此。雖然仙道觀念似與事實不合，（因爲一代一代的好仙者都已死去）但在較後時代（如晉朝）仍然統攝人心，見得月神宗敎的勢力確爲雄厚。

山海經以爲上帝住在月山上，因此月山是神靈的；帝神不死，月亮在晦朔後還要出來，都是仙山與不死觀念連合的基礎。仙人和仙山不可分離，所以仙人的不死觀念和月山及月神也不易分離。但這是推本求源的講法，歷代學者似乎都沒有明白仙道的原意。山海經及列子的作者當然明白月亮神話，但彭祖傳作者時代的人，已失掉神話原意，當然在晉朝以前早已失掉了。總之，材料越古，似乎談仙山越多，後世資料，則往往忽略仙山，甚至只以附帶口吻提仙山，甚至只談仙道而不談仙山，表示離眞實的意思越遠了。

仙人和仙境不應和仙山脫節才對，只看「仙」字已可明白。道家當然注重道，仙道意境亦合。

我們在他處已說明「驩兜」爲 Kato（南亞語言，意爲月亮），博物誌卷八：「驩兜國，其民盡似仙人，帝堯司徒驩兜氏常捕魚海島中，人面鳥口，去南國萬六千里，盡似仙人也」。月國和月山爲仙境。讀者可參閱拙著「山海經神話系統」。

附註

（註一）列子黃帝篇：「列姑射山在海河洲中，山上有神人焉，吸風飮露，不食五穀、心如淵泉，形如處女，不偎不愛，仙聖爲之臣，不畏不怒，愿愨爲之使；不施不惠，而物自足；不聚不斂，而已無愆；陰陽常調，日月常明，四時常若，風雨常均，字育常時，年穀常豐，而土無札傷，人無夭惡，物無疵厲，鬼無靈響焉」。

（註二）"Sinae asserunt nunquam eum（黃帝）fuisse mortuum, sed in eorum caelum assumptum, quos Xinsien appellant. Hos in jugis montium summis voluptatibus vacare fingunt immortalitate donatos". (J. Nieuhovius, Legatio Batavica ad Magnum Tartariae Chamum, Sungteium, Modernum Sinae Imperatorem-G. Hornius拉丁譯本Amsterdam1668, Pars ultima, p.128) "In Suchuen mons Chinching, in quo Xinsien, id est immortales homines simul conversari dicuntur". (ibidem, p121)

（註三）抱朴子極言篇「然按神仙經，皆云黃帝及老子，奉事太乙元君以受要訣，況乎不逮彼二君者，安有自得仙度世者乎？未之聞也。或曰：黃帝審仙者，橋山之塚又何爲乎？抱朴子答曰：按荊山經及龍首記，皆云黃帝服神丹之後，龍來迎之。羣臣追慕，靡所措思，或取其几杖，立廟而祭之；或取其衣冠，葬而守之。列仙傳云：黃帝自擇亡日，七十日去，七十日還，葬於橋山，山陵忽崩，墓空無尸，但劍舄在焉。此諸說雖異，要於爲仙也。言黃帝仙者，見於道書，及百家之說者甚多。而儒家不肯長奇怪，開異塗，務於禮教，而神仙之事，不可以訓俗，故云其死，以杜民心耳。……

（註四）同上篇：「或人問曰：彭祖八百，安期三千，斯壽之過人矣，若果有不死之道，彼何不遂仙乎？豈非稟命受氣，自有修短，而彼偶得其多，理不可延，故不免於彫隕哉？抱朴子答曰：按彭祖經云：其自帝嚳佐堯，歷夏至殷爲大夫，殷王遣綵女，從受房中之術，行之有效，欲殺彭祖以絕其道，彭祖覺然而逃去，去時，年七八百歲，非爲死也。黃公記云：彭祖去後七十餘年，門人於流沙之西見之，非死明矣。又彭祖之弟子，青衣烏公、黑穴公、秀眉公、白兎公子、離婁公、太足君、高丘子、不肎來，七八人皆歷數百歲，在殷而各仙去，況彭祖何肎死哉？又劉向所記列仙傳，亦言彭祖是仙人也。」

（註五）葛洪神仙傳卷一：「廣成子者，古之仙人也，居崆峒 Kato 之山，石室之中，黃帝聞而造焉，曰：敢問至道之要。……廣成子答曰：至道之精，杳杳冥冥，……得我道者上爲皇，失吾道者下爲土，將去汝，入無窮之門，游無極之野，與日月參光，與天地爲常，人其盡死，而我獨存矣」。

搜神記卷一：「赤松子者，神農時雨師也，服冰玉散，以教神農，能入火不燒。至崑崙山，常入西王母石室中，隨風雨上下。炎帝少女追之，亦得仙，俱去。至高辛時復爲雨師」。

「前周葛由，蜀羌人也，周成王時，好刻木作羊賣之，一旦乘木羊入蜀中，蜀中王侯貴人追之上綏山，綏山多桃，在峨眉山西南，高無極也，隨之者不復還，皆得仙道。故里諺曰：得綏山一桃，雖不能仙亦足以豪。山下立祠數十處。」（搜神記卷一）

「崔文子者，泰山人也，學仙於王子喬，子喬化爲白蜺，而持藥與文子，文子驚怪，引戈擊蜺中之，因墮其藥，俯而視之，王子喬之尸也，置之室中，覆以敝筐，須臾化爲大鳥，開而視之，翻然飛去。」（同上）

「有人入焦山，七年，老君與之木鑽，使穿一盤石，石厚五尺。曰：此石穿當得道。積四十年石穿。遂得神仙丹訣」。（同上）

（註六）莊子大宗師稱造物者曰：「吾師乎，吾師乎，韲萬物而不爲義，澤及萬世而不爲仁，長於上古而不爲老」。造物爲道神。又：「夫道有情有信，無爲無形，可傳而不可受，可得而不可見，自本自根，未有天地自古以固存，神鬼神帝，生天生地，在太極之先而不爲高，在六極之下而不爲深，先天地生而不爲久，長於上古而不爲老」。兩次說「長於上古而不爲老」。道（月神或月）是仙人不死觀念演出的基本。

修養爲長生必要條件，莊子在宥篇載黃帝問廣成子：「聞吾子達於至道，敢問治身奈何而可以長久？廣成子蹶然而起曰：善哉問乎，來，吾語女至道：至道之精，窈窈冥冥；至道之極，昏昏默默，無視無聽，抱神以靜，形將自正；必靜必清，無勞女形，無搖女精，乃可以長生。目無所見，耳無所聞，心無所知，女神將守形，形乃長生。……愼守女身，物將自壯，我守其一以處其和，故我修身千二百歲矣，吾形未常衰」。列子黃帝篇：「和者大同於物，物無得傷閡者，游金石蹈水火皆可也」。

第二章　聯合仙山與仙者的記載

王嘉拾遺記

山海經、列子、史記封禪書，與十洲記等書，有連合仙山與仙者的意境，但因這些書的資料已散見本書，不必再列專題研究，只將王嘉拾遺記的資料列出，爲給崑崙文化與仙道不死觀念作一比較正式的連鎖。

晉王嘉拾遺記卷十載有八座名山，即崑崙山、蓬萊山、方丈山、瀛洲、員嶠山、岱輿山、昆吾山、洞庭山，這八座山多見於山海經及列子，這兩部書與月亮神話有密切關係。當然拾遺記對於八山的描寫已增加不少，此種描寫似是王嘉拾取了較古的傳記。我們已屢次談說了崑崙，也略談過列子所載的諸山，但王嘉所述的這一套八山，似可直接將本書命名（崑崙文化與不死觀念）的兩部分意義聯合一下，（雖然這種聯合並不要緊，因本書前後各部分早已有了不可分開的種種聯係）因爲依王嘉的排列法，八座（神話）山是平行的，可以統稱崑崙山集團文化，簡稱爲崑崙文化。八座山又都直接描述仙道，明言不死。今可將八山仙境依次錄左（夾注是我們的）：

一、崑崙山及蓬萊山

一、崑崙山有昆陵之地，（昆陵即崑崙，意已屢見本書）其高出日月之上，（月山神話失傳）山有九層，每層相去萬里，（博物志則相信河圖括地象，以崑崙高一萬一千里），有雲色，從下望之，如城闕之象，（說卦以艮爲門闕）。四面有風，羣仙常駕龍乘鶴，遊戲其間，（言羣仙在崑崙月山）。四面風者，言東南西北一時俱起也。又有祛塵之風，若衣服塵汚者，風至吹之，衣則淨如浣濯。甘露濛濛似霧，著草木則滴瀝如珠；亦有朱露，望之色如丹，著木石，赭然如朱雪灑焉。以瑤器承之如飴。崑崙山者，西方曰須彌山，對七星之下，出碧海之中，上有九層，第六層有五色玉樹，蔭翳五百里，（世界大樹），夜至水上，其光如燭，（即天問的若華之光）。第三層有禾穟，一株滿車。有瓜如桂，有奈冬生，如碧色，以玉井水（呂覽本味有崑崙之井）洗食之，骨輕柔能騰虛也。（致仙之水）第五層有神龜，長一尺九寸，有四翼，萬歲則升木而居，亦能言。（可解天問何獸能言）第九層山形漸小狹，下有芝田蕙圃，皆數百頃，羣仙種耨焉。傍有瑤臺十二谷，廣千步，皆五色玉爲臺基。最下層有流精，霄間直上四十丈。東有風雲雨師，闕南有丹密雲，望之如丹色。丹雲四垂周密。西有螭潭，多龍螭，皆白色，千歲一蛻其五臟。此潭左側有五色石，皆云是白螭腸化成。此石有琅玕璆琳之玉，煎可以爲脂。北有珍林別出，折枝相扣，音聲和韻。九河分流。南有赤陂紅波，千劫一竭，千劫，水乃更生也。（引文至此）劫即古代印度的 kalpa.
此言崑崙仙境，與張華博物志及抱朴子所述者有不少相異處，雖然三者同屬晉代。但都未與月山神話脫離。

二、蓬萊山亦名防丘，亦名雲來，高二萬里，廣七萬里，水淺，有細石如金玉，得之不加陶冶，自然光淨，仙者服之。（晉人服石寒散當與仙道有關）東有鬱夷（與無路同音）國，時有金霧，諸仙說此上，常浮轉低昂，有如山上架樓室，常向明以開戶牖，及霧滅歇，戶皆向北。其西有含明之國，綴鳥毛以爲衣，承露而飲，終天登高取水，亦以金銀蒼環水精火藻爲階，有冰水沸水，飲者千歲。有大螺名躶步（當即 kuap)，負其殼露行，冷則復入其殼，生卵，著石則軟，取之則堅，明王出世，則浮於海際焉。有葭紅色，可編爲席，溫柔如罽毳焉。有鳥名鴻鵝，色似鴻，形如禿鶖，腹內無腸，羽翮附骨而生，無皮肉也。雄雌相眄則生產。南有鳥名鴛鴦，形似鴈，徘徊雲間，棲息高岫，足不踐地，生於石穴中，萬歲一交，則生雛千歲，銜毛學飛，以千萬爲羣，（星辰）推其毛長者高翥萬里，聖君之世，來入國郊。有浮筠之簳，葉青莖紫，子大如珠，有青鸞集其上，下有沙礫細如粉，柔風至，葉條翻起，拂細沙如雲霧，仙者來觀而戲焉。吹風竹葉，聲如鐘磬之音。（以上引文）

蓬萊一名雲來，不啻說bulan一名wulan，雲來與鬱夷（與鬱壘音同）音同。大螺名躶步（音同夸父）即南洋語言 kuap。含明（明！）國有鳥，雄雌相眄則生產（雙性神話爲月神話）。無一不是月亮神話。仙者和月山意境不可分離。山海經海內北經：「蓬萊山在海中」，郭曰：「上有仙人宮室，皆以金玉爲之，爲獸盡白，望之如雲，在渤海中也」。

二、方丈山及瀛洲

一、方丈之山一名巒雉，東方龍場，地方千里，玉瑤爲林，雲色皆紫。有龍皮骨如山阜，散百頃。遇其蛻骨之時如生龍，或云龍常鬬此處，膏血如水流。膏色黑者著草木及諸物，如淳漆也。膏色紫，先著地凝堅，可爲寶器。燕昭王二年，海人乘霞舟，以雕壺盛數斗膏以獻昭王，王坐通雲之台，亦曰通霞台，以龍膏爲燈，光耀百里，煙色丹紫，國人望之，咸言瑞光，世人遙拜之。燈以火浣布爲纏。山西有照石，去石十里，視人物之影如鏡焉。碎石片片皆能照人，而質方一丈，則重一兩。昭王舂此石爲泥，泥通霞之台，與西王母常遊居此台上，常有鸞鳳鼓舞，如琴瑟和鳴。神光昭耀如日月之出。(神話失傳)台左右種恒春之樹，葉如蓮花，芬芳如桂花，隨四時之色。昭王之末，仙人貢焉；列國咸賀，王曰：寡人得恒春矣，何憂太清不至？恒春一名沉生，如今之沉香也。有草名濡奸，葉色如紺，莖色如漆，細軟可縈，海人織以爲席薦，卷之不盈一手，舒之則列坐方國之賓。莎蘿爲經。莎蘿草細大如髮，一莖百尋，柔軟香滑，群仙以爲龍骨之轡。有池方百里，水淺可涉，泥色若金而味辛，以泥爲器，可作舟矣。百鍊可爲金，色青，照鬼魅猶如石鏡，魑魅不能藏形矣。(所錄原文)

方丈在他書也稱崑崙，(本書有引)。方丈條言、龍、鸞、鳳、西王母，並言池泥可鍊爲金，當本封禪書談金遺意。石鏡照妖爲近代屋(內)頂懸鏡照妖的所本。昭王有恒春不死之樹、思至太清爲仙。所言一切，都未出月亮神話。方丈山爲月山，爲群仙勝境。

二、瀛洲一名魂洲，亦曰環洲，東有淵洞，有魚長千丈，色斑，鼻端有角，時鼓舞群戲。遠望水間，有五色雲，就視乃此魚噴水爲雲，如慶雲之麗，無以加也。有樹名影木，日中視之如列星，萬歲一實，實如瓜，青皮黑瓤，食之骨輕，上如華蓋，群仙以避風雨。有金巒之觀，飾以衆環，直上干雲中，有青瑤瓦，覆以雲紈之素，刻碧玉爲倒龍之狀，懸火精爲月，刻黑玉爲鳥，以水精爲月，青瑤爲蟾兎，於地下爲機棙，以測昏明，不虧弦望。時時有香風冷然而至，張袖受之，則歷年不歇。有獸名嗅石，其狀如麒麟，不食生卉，不飮濁水。嗅石則知有金玉，吹石則開金沙寶璞，粲然而可用。有草名芸苗，狀如菖蒲，食葉則醉，餌根則醒。有鳥如鳳，身紺翼丹，名曰藏珠，每鳴翔而吐珠累斛，仙人常以其珠飾裳，蓋輕而耀於日月也。（所錄文）

鼻端有角，嗅石之獸，鳥能吐珠，皆神話的能事。千丈之魚，與莊子的鯤皆爲月魚。影木如列星，明說世界大樹與列星相關，（說「日中」視之如列星，但這是夜景）。瀛洲在拾遺記與他山並列，當爲山名，所以說「東有淵洞」。瀛洲一名環洲，表示圓意；又名魂洲，魂魄與月亮神話糾纏，見淮南子說山訓。（拙著中國古代宗教系統頁四六——四七）仙人以鳥吐的明珠飾仙裳，食仙瓜可以骨輕。又有金巒之觀。以水精爲月。（山海經圖贊以昆侖爲月精，爲水之靈府）。

三、員嶠山及岱輿山

一、員嶠山一名環丘，（老說圓），上有方湖，周迴千里，多大鵲，高一丈，銜不周之粟，粟穗高三丈，粒皎如玉。鵲銜粟飛於中國，故世俗間往往有之。其粟食之，歲月不飢。故呂氏春秋云：粟之美者，有不周之粟焉。東有雲石，廣五百里，駮駱如錦，扣之片片，則蓊然雲出。有木名猗桑，煎椹以爲蜜。有冰蠶長七寸，黑色，有角有鱗，以霜雪覆之，然後作璽，長一尺，其色五彩，織爲文錦，入水不濡；以之投火，經宿不燎。唐堯之世，海人獻之，堯以爲黼黻。西有星池千里，池中有神龜，八足六眼，背負七星，日月八方之圖，腹有五岳四瀆之象，時出石上，望之煌煌如列星矣。有草名芸蓬，色白如雪，一枝二丈，夜視有白光，可以爲林。南有移池國人，長三丈，壽萬歲。以茅爲衣服，皆長裾大袖，因風以昇煙霞，若鳥用羽毛也，人皆雙瞳，脩眉長耳，飡九天之正氣，死而復生於億劫之內，（受佛敎影響）見五岳再成塵。扶桑萬歲一枯，其人視之如旦暮也。北有浣腸之國，甜水繞之，味甜如蜜，而水强流迅急，千鈞投之，久久乃沒。其國人常行於水上，逍遙於絕岳之嶺，度天下廣狹，（見山海經竪亥）八柱爲一息，經四軸而暫寢，（月入晦朔）拾塵吐霧，以算歷刼之數，而成丘阜，亦不盡也。（所錄文）

員嶠即員邱，毫無疑義，員邱與不死相關。海外南經：「不死民在其東，其爲人黑色，壽不死」。江淹遂古篇：「不死之國，皆何因兮？」郭曰：「有員邱山，上有不死樹，食之乃壽；亦有赤泉，飲之不老」。括地圖曰：「員邱之山，上有赤泉，飲之不死。博物志云：「員邱山有不死樹，食之乃壽」。景純遊仙詩：「圓邱有奇草，鐘山出靈液」。洛陽宮殿簿云：「明光殿前長生樹二株」。陶潛讀山海經詩：「自古皆有沒，何人得靈長，不死復不老，萬歲如平常，赤泉給我飲，員邱是我糧，方與三辰遊，壽考豈渠央？」（任臣引）

民國五十年九月二十五日，陰八月十六日新生報，載十五日的圓月像片（何漢章攝）：

員邱山的神話根據

月亮的形似，成了古人演繹神話的大好憑藉。有無數的原始民族有月亮神話。圓月可演爲山，（當然非圓月也可爲神話山）又可演爲人（月人 Urmondmensch），不少原始民族以爲古人是圓形的。易經也有形容圓月的卦。（見拙著易經原義的發明一書）月形又似龜，古代的龜卜基於月神宗教。

神話重視白色，粒皎如玉，有霜雪，白草如雪，並有白光，以茅爲衣。又說黑蠶、黼黻，當以月色有白黑爲根據。此外，也提說猗桑、扶桑（月樹）。處於仙境，人皆死而復生。

二、岱輿山（易說卦以坤爲大輿）有員淵（員！）千里，常沸騰，以金石投之，則爛如土矣。孟冬水涸中有黃烟，從地出起數丈，煙色萬變。山人掘之入數尺，得燋石如炭滅，有碎火，以蒸燭，投之則然。而色青。深掘則火轉盛。有草名莽煌，葉圓如荷，去之十步，炙人衣則燋，刈之爲席，方冬彌溫：以枝相摩，則火出矣。南有平沙十里，色如金，若粉屑，靡靡常流，鳥獸行則沒足。風吹沙起若霧，亦名金霧，亦曰金塵沙，著樹粲然如黃金塗矣。和之以泥，塗仙宮，則晃昱明粲也。西有玉山，（玉山在山海經西次三經）其石五色而輕，或似履舄之狀，光澤可愛，有類人工。其黑色者爲勝，衆仙所用焉。北有玉梁千丈，駕玄流之上，紫苔覆漫，味甘而柔滑，食者千歲不飢。玉梁之側，有斑爛自然雲霞，龍鳳之狀。梁去玄流千餘丈，雲氣生其下傍，有丹桂、紫桂，白桂，皆直上百尋，可爲舟航，謂之文桂之舟。亦有沙棠、豫章之木，長千尋，（世界樹）細枝爲舟，猶長十丈。有七色芝生梁下，其色青光輝耀，謂之薈芝。螢火大如蜂，聲如雀，八翅六足。梁有五蝙蝠，黃者無腸，倒飛，腹向天。白者腦重，頭垂自挂。黑者如鳥，至千歲，形變如小燕。青者毫毛長二寸，色如翠。赤者止於石穴，穴上入天，視日出入，恒在其上。（黃白黑青赤五色）有獸名嗽月，形似豹，飲金泉之液，食銀石之髓，此獸夜噴白氣，其光如月，（就是月獸）可照數十畝。（山海經海內經有五彩之鳥，飛蔽一鄉），軒轅之世獲焉。有遙香草，其花如丹，光耀入月，葉細長而白，如忘憂之草，其花葉俱香，扇馥數里，故名遙香草。其子如薏中實，甘香，食之累月不飢渴，體如草之香，久食，延齡萬歲，仙人常採食之。（錄文）

文內有龍鳳。豫章之木長千蕁。（世界樹）金霧、黃金與仙道相關。有獸名嗽月，噴氣光明如月，明爲月獸。莽煌草席使人冬溫。吃遙香草實，使人累月不飢渴，並且可至萬歲。千丈玉梁，上有紫苔，食之千歲不飢。皆描述仙人勝境。我們曾主張月形爲大樑（太極），今又以月形爲玉梁。

四、昆吾山及洞庭山

一、昆吾山，其下多赤金，（山海經的山屢言有赤金）色如火。昔黃帝伐蚩尤，陳兵於此地，（月的陽陰面神話）。掘深百丈，猶未及泉，惟見火光如星。地中多丹，鍊石爲銅，銅色青而利，泉色赤，山草木皆劍利，土亦鋼而精。越王勾踐使工人以白馬白牛祠昆吾之神，（即月神）採金鑄之，以成八劍之精；（陶弘景古今刀劍錄以劉備採金牛山鐵，鑄八劍）一名揜日，以之指日，則光晝暗。金、陰也，陰盛則陽滅。二名斷水，以之劃水，開即不合。三名轉魄，以之指月，蟾兎爲之倒轉。四名懸翦，飛鳥遊過，觸其刃如斬截焉。五名驚鯢，以之泛海，鯨鯢爲之深入。六曰滅魂，挾之夜行，不逢魑魅。七曰却邪，有妖魅者見之則伏。八名眞剛，以切玉斷金，如削土木矣。以應八方之氣鑄之也。其山有獸，大如兎，毛色如金，食土下之丹石，深穴地以爲窟，亦食銅鐵，膽腎皆如鐵。其雌者色白如雲。昔吳國武庫之中兵刃鐵器，俱被食盡，而封署依然。王令檢其庫穴，獵得雙兎，一白一黃，殺之，開其腹，而有鐵膽腎，方知兵刃之鐵爲兎所食。王乃召其劍工，令鑄其膽腎以爲劍，一雌一雄，號干將者雄，號鏌鋣者雌，其劍可以切玉斷犀，王深寶之，遂霸其國。後以石匣埋藏。及晉之中興，夜有紫色衝斗牛，張華使雷煥爲豐城縣令，掘而得之，華與煥各寶其一，拭以華陰之土，光耀射人。後華遇害，失劍所在，煥子佩其一劍，過延平津，劍鳴飛入水，(刀劍錄以漢明帝鑄一劍，上作龍形，沈之洛水中) 及入水尋之，但見雙龍繾屈於潭下，目光如電，遂不敢前取矣。(錄文)

昆吾之山有劍的神話，這必是以月形如劍的原故。此條雖未言仙，但也可以說昆吾爲月山，山有獸如兎，又明說就是兎子。月中有兎不特爲中國神話。兎子不但食丹石，而也食銅鐵。兵刄之鐵爲兎所食。銅鐵指月亮的陽陰面。(有山海經爲證) 白色的雌兎 (月的明面) 吃月的陰面 (鐵)，黑色的雄兎 (月的黑面) 吃月的陽面 (銅)。月兎分雌雄，月劍也分雌雄。月劍可化爲雙龍。都是月有二儀神話的演變。八劍從八方演來。

二、洞庭山浮於水上，其下有金堂數百間，玉女居之，四時聞金石絲竹之聲，徹於山頂。楚懷王之時，舉羣才，賦詩於水湄，故云瀟湘洞庭之樂，令人忘老，雖咸池九韶不得比焉。每四仲之節，王常繞山以遊宴，舉四仲之氣以爲樂章。仲春律中夾鍾，乃作輕風流水之詩，醼於山南；時中蕤賓，乃作皓露秋霜之曲。後懷王好進姦雄，羣賢逃越，屈原以忠見斥，隱於沅湘，披蓁茹草，混同禽獸，不交世務，採柏實以和桂膏，用養心神。被王逼逐，乃赴清冷之水，楚人思慕，謂之水仙，其神遊於天河，精靈時降湘浦，楚人爲之立祠，漢末猶在。其山又有靈洞，入中常如有燭於前，中有異香芬馥，泉石明朗，採藥石之人入中，如行十里，迥然天清霞耀，花芳柳暗，丹樓瓊宇，宮觀異常，乃見衆女霓裳，冰顏艷質，與世人殊別，來邀採藥之人，飲以瓊漿金液，延入璇室，奏以簫管絲桐，餞令還家，贈之丹醴之訣。惟懷慕戀，且思其子息，卻還洞穴，還若燈燭導前，便絕饑渴而達舊鄉。已見邑里，人戶各非故鄉鄰，唯尋得九代孫問之，云遠祖入洞庭山採藥不還，今經三百年也。其人說於隣里，亦失所之。(所錄文)

「洞庭」之名，筆者頗疑是原始語言，澳洲Yuin族人稱月亮爲dudon（或daidu或dedun，視方言而稍異）。苗族人稱月爲taotie。洞庭之山在山海經（並有堂庭之山）及楚辭皆與月亮神話相關。今拾遺記（本於古傳）又以洞庭山有靈洞仙境，並爲八座神話月山之一。

屈原被稱爲「水仙」，以「其神遊於天河」，但從離騷中也可以看出屈原是怎麼喜歡崑崙。實際的洞庭山似是取了月（洞庭）山爲名，所以在傳說中老和月亮神話相關。

五、結論

拾遺記的八座仙山都說是仙人勝境，第一座山叫崑崙，其餘的七座山雖不稱崑崙，但都有崑崙山的意味，因爲除崑崙（指月）外，其他七個名稱，也都和月亮相關。當然八山的描述完全爲月神話。

像八山描述一類的神話，古代學者代代相傳，又不時演出些新說法，但都似順着原來的古傳作演變，雖然演變者也沒有明白神話的意識。但是，如果只明白一段神話（如崑崙神話），即可都明白此類神話的大意。

梁蕭綺在拾遺記八山後錄語說：「按禹貢山海正史說名山大澤，或不列書圖，著於編雜之部，或有乍無，或同乍異，故使覽者迴惑而疑焉。至如列子所說員嶠岱輿，瑰奇是聚，先墳莫記，蓬萊瀛洲方丈各有別名，昆吾神異，張騫亦云焉覩，（可見昆吾即昆侖。張騫未見到者爲神異的昆侖。見本書頁四八—四九）華戎不同寒暑，律人猶禽，至其異氣雲水草木怪麗殊形，考之載籍，同其生類，非夫貴遠體大，則笑其虛誕。俟諸宏博，驗斯靈異焉」。筆者不敢以「宏博」自居，但願作「驗斯靈異」的嘗試。

拾遺記所載諸名山，適可以作崑崙文化與修仙不死觀念兩個意境的自然連鎖，因該書卷十將蓬萊及方丈諸山與崑崙山平列，這好像是已將崑崙文化擴展到不以崑崙取名的神話月山了。當然卷十所載的諸山，是直接描述神話月山。筆者在以前各文中所引的一切山名，雖多爲實有之山，但在文化的演變中，已都渲染了神話月山的意味，雖然是在無意識中渲染的。文化的演變不必都含有意識性。

仙道觀念本來也可以與月山（視月爲山）觀念脫離，（但不便與月亮神話脫離）原始民族的不死觀念可以作證。但事實上，中國有史以來的仙道觀念，即沒有和月山的意義分開。那麼，我們即可以用崑崙文化代表一切的神話月山，並且代表一切有月山意味的實際諸山，因爲後者和仙道取了關係，因此，即也和不死觀念取得關係。山中恰好也有許多寶藏和不少的神秘性；長生不死的希望正好用山的意義來維持。

第三編　秦漢兩代仙意

第一章　秦皇漢武的仙意

秦始皇與漢武帝的求仙，是著名的史實，我們不能不把材料錄出。茲先錄關於秦始皇的資料。

一、秦始皇的求仙

史記秦始皇本紀：『齊人徐市等上書，言海中有三神山，名曰蓬萊、方丈、瀛洲，僊人居之。請得齋戒與童男女求之。於是遣徐市，發童男女數千人，入海求僊人，（正義：括地志云：亶洲在東海中，秦始皇使徐福將童男女入海求僊人，止住此洲，共數萬家，至今洲上人有至會稽市易者。吳人外國圖云：亶洲去琅邪萬里）』。以仙山在東海，仙人在仙山，皆神話。

又：「三十二年，始皇之碣石，使燕人盧生求羨門（集解：韋昭曰古仙人）、高誓（亦古仙人）、……使韓終侯公石生、求僊人不死之藥」。「盧生說始皇曰：臣等求芝奇藥仙者常弗遇，類物有害之者，方中人主時爲微行，以辟惡鬼，惡鬼辟眞人至，人主所居而人臣知之，則害於神，眞人者入水不濡，入火不爇，陵雲氣，與天地久長。今上治天下，未能恬惔，願上所居宮，毋令人知，然後不死之藥殆可得也」。但始皇「不得休息，貪於權勢至如此，未可爲求僊藥」（盧生語）始皇說：「今聞韓衆去不報，徐市等費以巨萬計，終不得藥，徒姦利相告日聞，盧生等吾尊之甚厚，今乃誹謗我以重吾不德也」。修仙需要道德，爲古人公意。

「方士徐市等入海求神藥，數歲不得，費多，恐譴，乃詐曰：蓬萊藥可得，然常爲大鮫魚所苦，故不得至，願請善射與俱，見則以連弩射之。始皇夢與海神戰，如人狀，問占夢博士曰：水神不可見以大魚蛟龍爲候，今上禱祠備謹而有此惡神，當除去而善神可致。乃令入海者齎捕巨魚，具而自以連弩候大魚出射之，自琅邪北至榮成山弗見，至之罘，見巨魚，射殺一魚，遂並海西，至平原津（今德州平原縣南有水津）而病。始皇惡言死，羣臣莫敢言死事，……七月丙寅，始皇崩於沙丘平臺」。蓬萊 bulan 與仙藥俱是神話，實際上是得不到的。

史記封禪書說：

「封禪者，合（漢志合作古）不死之名也。秦皇帝不得上封」。又：「始皇之上泰山，中阪遇暴風雨，休於大樹下，諸儒生既絀，不得與用於封事之禮，聞始皇遇風雨，則譏之。於是始皇遂東遊海上，行禮祠名山大川及八神，求僊人羨門之屬。……自齊威宣之時，騶子之徒，論著終始五德之運。及秦帝，而齊人奏之，故始皇采用之，而宋毋忌、（索隱：樂彥引老子戒經云：月中仙人宋無忌）正伯僑（古仙人）、充尙、（或以即列仙傳之元俗）羨門高，（按高爲名，羨門即 shaman）最後皆燕人，爲方僊道，形解（服虔曰：尸解也）銷化，依於鬼神之事。……自威、宣、燕昭使人入海求蓬萊、方丈、瀛洲，此三神山者，其傅在勃海中，去人不遠，患且至，則船風引而去。蓋嘗有至者，諸仙人及不死之藥皆在焉，其物禽獸盡白，而黃金銀爲宮闕，未至，望之如雲，及到，三神山反居水下，臨之，風引輒去，終莫能至云，世主莫不甘心焉。（謂羨慕）及至秦始皇並天下，至海上，則方士言之，不可勝數。始皇自以爲至海上而恐不及矣，使人乃齎童男女，入海求之，船交海中，皆以風爲解，曰：未能至，望見之焉。其明年，始皇復遊海上，至琅邪，過恆山，從上黨歸。後三年，游碣石，考入海方士，從上郡歸。後五年，始皇南至湘山，遂登會稽，竝海上，冀遇海中三神山之奇藥，不得，還至沙丘崩」。

我們已證明封禪是祭月神，（拙著中國古代宗教系統頁一二九——一三〇，一六二——一六三）泰山有月山意味，（泰與道字音近，泰就是道，淮南子泰族訓注：「泰言古今之道」）所以封泰山可以不死。蓬萊爲仙山（月山），所以有不死之藥。仙山爲月山，所以神話說禽獸爲白色，（月色白）又有金銀宮闕，（金銀爲月亮神話，見抱朴子論仙資料選釋章）當爲月宮。「三山反居水下」，月山能入水出水。宋無忌稱爲月仙，明說月與仙相關。續仙傳裴玄靜條有「崑崙仙侶」說法。

燕昭王使人入海求仙山，頗志於仙道，欲明仙理，拾遺記卷四：「四年，（燕昭）王居正寢，召其臣甘需曰：寡人志於仙道，欲學長生久視之法，可得遂乎？需曰：臣遊昆臺之山，見有垂白之叟，宛若少童，貌如氷雪，形如處子，血清骨勁，膚實腸輕，乃歷蓬瀛而超碧海，經涉升降，遊往無窮，此爲上仙之人也。蓋能去滯慾而離嗜愛，洗神滅念，常遊於太極之門。今大王以妖容惑目，美味爽口，列女成羣，迷心動慮。所愛之容，恐不及玉，纖腰皓齒，患不如神，而欲却老雲遊，何異操圭爵以量滄海，執毫釐而迴日月，其可得乎？昭王徹色減味，居乎正寢，賜甘需羽衣一襲，表其墟爲明眞里也」。

傳說中又以秦始皇求安期仙者：

列仙傳卷上：「安期先生者，瑯邪阜鄉人也，賣藥於東海邊，時人皆言千歲翁。秦始皇東遊，請見與語，三日三夜，賜金璧度數千萬（御覽引無度字），出於阜鄉亭，皆置去，留書，以赤玉舄一量（當與兩同）爲報，曰：後數年求我於蓬萊山。始皇即遣使者徐市盧生等數百人入海，未至蓬萊山，輒逢風波而還。立祠阜鄉亭海邊十數處云」。仙讚：「寥寥安期，虛質高清，乘先適性，保氣延生，聊悟秦始，遺寶阜亭，將遊蓬萊，絕影清冷」。蓬萊在神話中很重要。

二、漢武帝好仙記載

漢武帝好仙，他下了不少的研究工夫，打問明師，並作了欲仙的一些表示。張騫所尋到的既不是仙山，武帝即不多妄想崑崙了。

漢書武帝紀：「三月，行幸河東，祠后土，（后土爲月神，見拙著中國古代宗敎系統頁一二二——一三八）詔曰：朕禮首山昆田，出珍物化或爲黃金」。又：「祠后土，東臨勃海，望祠蓬萊」。先謙：「冀至仙人之庭」。

下錄別國洞冥記所載武帝事。

洞冥記卷二：「元鼎元年，起招仙閣於甘泉宮西編」。又有「望仙宮」。「太初三年起甘泉望風臺，臺上得白珠如花一枝，帝以錦蓋覆之，如照月矣，因名照月珠」。

武帝又有「俯月臺，臺下穿池廣千尺，登臺以眺月，影入池中，使仙人乘舟弄月影，因名影娥池，亦曰眺蟾臺」。「影娥池中有遊月船，觸月船」。（洞冥記卷三）仙與月的關係猶有些古傳的殘影。「影娥池北作鳴禽之苑，有生金樹，破之，皮間有屑如金，而色青，亦名青金樹」。（同上）

又洞冥記卷三：「天漢二年，帝昇蒼龍閣，思仙術，召諸方士言遠國遐方之事，唯東方朔下席，操筆跪而進帝曰：大夫爲朕言乎！朔曰：臣遊北極至種火之山，日月所不照，有青龍銜燭火，以照山之四極，亦有園圃池苑，皆植異木異草，有明莖草，夜如金燈，折枝爲炬，照見鬼物之形，仙人寧封常服此草，於夜暝時，轉見腹光通外，亦曰洞冥草。帝令剉此草爲泥，以塗雲明之館，夜坐此館，不加燈燭，亦名照魅草，以藉足履水不沉」。大好仙畫。

又卷三：「有鳳葵草，色丹，葉長四寸，味甘，久食令人身輕肌滑」。又：「鳥哀國有龍瓜薤，長九尺，色如玉，煎之有膏，以和紫桂爲丸，服一粒，千歲不飢。故語曰：薤和膏，身生毛」。「有掌中芥，……食之能空中孤立，足不蹋地，亦名蹋空草」。「有龍肝瓜，長一尺，花紅葉素，生於冰谷，所謂冰谷素葉之瓜。仙人瑕丘仲採藥得此瓜，食之，十歲不渴，瓜上恒如霜雪，刮嘗如蜜滓」。「有玄都翠水，水中有菱，碧色，狀如雞飛，亦名翔雞菱。仙人鳧伯子常遊翠水之涯，采菱而食之，骨輕擧，身生毛羽也」。「有遠飛雞，……常銜桂枝之實，歸於南山，或落地而生，高七八尺。衆仙奇愛之，剉以釀酒，名曰桂醪，嘗一滴，擧體如金色」。大好仙藥。

洞冥記四：「武帝末年，彌好仙術，與東方朔狎暱。帝曰：朕所好甚者不老，其可得乎？朔曰：臣能使少者不老。帝曰：服何藥邪？朔曰：東北有地日之草，西南有春生之草。帝曰：何以知之？朔曰：三足烏數下地食此草……食草能不老」。

漢武帝內傳載西王母於「七月七日」「暫來」相晤，至是日，「王母乘紫雲之輦，駕九色斑龍」而至，「因呼帝共坐，帝南面向王母，母自設膳，膳精非常，豐珍之肴，芳華百果，紫芝萎蕤，紛若塡樏，淸香之酒，非地上所有，甘氣殊絕，帝不能名也。又命侍女索桃。須臾，以盤盛桃七枚，大如鴨子，形色靑，以呈王母，母以四枚與帝，自食三桃，桃之甘美，口有盈味。……（王母命仙女歌曲，其詞曰：）玄圃遏北臺，五城煥嵯峩，啓彼無涯津，汎此織女河，仰上升絳庭，下遊月窟阿，顧眄八落外，指招九雲遐，忽已不覺勞，豈寤少與多」。「歌畢，帝乃下地叩頭自陳曰：徹受質不才，沉淪流俗。承禪先業，遂羈世累；政事多闕，兆民不和，風雨失節，五穀無實，德澤不建，寇盜四海，黔首勞斃，戶口減半，當非其主，積辜丘山；然少好道，仰慕靈仙，未能棄祿委榮，棲蹟山林，思絕塵餌，罔知攸向；且捨世尋眞，鑽啓無師，歲月見及，恒慮奄忽。不圖天顏頓集今日，下臣有幸，得瞻上聖，是臣宿命，合得度世，願垂哀憐，賜諸不悟，得以奉承切己之敎。王母曰：女能賤榮樂卑，躭虛味道，自復佳耳。然女情恣體慾，淫亂過甚，殺伐非法，奢侈其性，恣則裂身之車，淫爲破年之斧，殺則響對，奢則心爛，慾則神隕，聚穢命斷，以子蕞爾之身，而宅滅形之殘；盈尺之材，攻以百仭之害，欲此解脫三尸，全身永久，難可得也。」。（拾遺記卷三言周穆王時，「西王母乘翠鳳之輦而來，前導以文虎文豹，後列雕麟紫麐」）。

該內傳又說：「孝武皇帝好長生之術，常祭名山大澤，以求神仙，元封元年甲子祭嵩山，起神宮。」

又說帝「祭山嶽，祠靈神，禱河川，亦爲勤矣」。

漢武帝外傳：『（李少君）聞天子（漢武帝）好道，請欲見之，求爲合丹，可得恣意，無求不得，天子中敎者成之，不中敎者便捨去。吾在世上已五百餘年，而不爲一權者，必不免於蟲蟻之糧矣。乃以方上武帝，言臣能凝汞成白銀，飛丹砂成黃金，金成服之，白日昇天，神仙無窮，身生朱陽之羽，體備圓光之翼，竦則清天，伏入無間，控飛龍而八遐已遍，駕白鴻而九陔立周，冥海之棗大如瓜，鐘山之李大如瓶」。

三、不得仙的原因

仙是修來的，沒有道德的人得不到仙，秦始皇沒有道德，不得封禪；漢武帝道德條件也不够，也不能得仙，春秋元命苞：「聖人一其德智者，循其轍，長生久視」。（御覽人事部引）

嵇康答二郭：「詳觀凌世務，屯險多憂虞，施報更相市，大道匿不舒，夷路値枳棘，安步得焉如。權智相傾奪，名位不可居，鸞鳳避罻羅，遠託崑崙墟，莊周悼靈龜，越稷嗟王輿，至人存諸己，隱璞樂玄虛，功名何足殉？乃欲列簡書，所好亮若茲，楊氏歎交衢，去去從所志，致謝道不俱」。

他又說：「善養生者，清虛靜泰，少私寡欲，知名位之傷德，故忽而不營，非欲而彊禁也。識原味之害性，故棄而弗顧，非貪而後抑也。神氣以醇白獨著，曠然無憂患，寂然無思慮，又守之以一，養之以和，和理日濟，同乎大順，然後蒸以靈芝，潤以醴泉，晞以朝陽，（不明白月神話）綏以五弦，無爲自得，體妙心玄，忘歡而後樂足，遺生而後身存，若此以往，庶可與羨門比壽，王喬爭年，何爲其無有哉」？（養生論）又：「欲勝則身枯，然則欲與生不並立，名與身不俱存，略可知矣。而世未之悟，以順欲爲得生，雖有後生之情，而不識生生之理，故動至死地也」。（答難養生論）

唐明皇得仙否？舊唐書玄宗紀：「玄元皇帝降於寶仙洞」，又：「作昇仙宮」，天寶遺事：「明皇遊月宮，見牓曰廣寒清虛之府」。他的仙意似乎也很濃厚。

唐、史官樂史著楊太眞外傳卷下：「有道士楊通幽自蜀來，（他爲天子使者，找得了玉妃，但玉妃向他說：）太上皇亦不久人間，（楊通幽回來告訴太上皇），皇心震悼，遂辟穀服氣。張皇后進櫻桃蔗漿，聖皇並不食，常玩一紫玉笛，因吹數聲，有雙鶴下於庭，徘徊而去。聖皇語侍兒宮愛曰：吾奉上帝所命，爲元始孔昇眞人，此期可再會妃子耳。笛非爾所寶，可送大收，（大收代宗小字），即令具湯沐。我若就枕，愼勿驚我。宮愛聞睡中有聲，駭而視之，已崩矣」。

這眞算仙去嗎？道德條件似乎也不够。

四、爲漢學家進一解

Richard Wilhelm 著 Geschichte der chinesischen Kultur, München 1928, S. 176—177 （以爲漢朝時） "Die Atmosphäre ist dicht bevölkert von Geistern und Göttern— nicht mehr nur den anonymen Kräften (當指道、太極、太一) die auch der Konfuzianismus anerkannte, sondern individuellen Wesen mit Bewusstsein und Willen, die im Hintergrund der Welt leben und weben. …… Diese religiös— mythologischen Vorstellungen wurden von dem Stand der Fang-Schï (Magier) ausgewertet, die bei Hof eine bedeutende Rolle spielten, da mehr als ein Kaiser die Probleme des Goldmachens und der Unsterblichkeit mit ihrer Hilfe zu lösen hoffte. Diese Magier haben die alte Chinesische Naturreligion mit Beschlag belegt und ausgedeutet. Sie haben sich in gleicher Weise des Taoismus bemächtigt; denn die Gleichnisse und Personifikationen des Tschuangtse gaben in dieser Beziehung ja mannigfache Anknüpfungspunkte. Dass dennoch eine vollständige Umbildung und Mythologisierung des Taoismus vorgenommen wurde, versteht sich von selbst. Aber die Verbindung erwies sich als dauerhaft. Die taoistischen Philosophen von Laotse bis Tschuangtse wurden zu Stiftern und Heiligen dieser Volksreligion und der magische Zauberkult der Fang-Schï wurde mit jenen Lehren verquickt."

Wilhelm 以爲漢朝的方士講究煉金術，並宣傳不死，是因受道家影響，把道家學說扭轉爲神話了，換句話說，把道家學說巫術化了。

我們也以爲方士們受道家影響，但大體說來沒有把道家學理神話化，因爲在古代民間已流行着不少的長生說法，老莊著作時略拾取一些，在老莊書外定尙有此種傳說，山海經內容和體裁似乎與老莊不同，但亦已採納不死的說法。

所以不死觀念早於秦漢，早於方士，方士不過於有意無意中，把山海經代表的長生仙藥說法更向具體方面演繹而已。（關於方士，可見後漢書方術傳）。

第二章　列仙傳中的仙者

列仙傳是否爲劉向所著？學者疑之，以爲是東漢人作品。

該書卷上：「赤松子者，神農時雨師也，服水玉，以教神農，入火自燒，往往至崑崙山上，常止西王母石室中，隨風雨上下。炎帝少女追之，亦得仙俱去，至高辛時復爲雨師，今之雨師本是焉」。入火自燒，頗有莊子至人意味。山海經以炎帝之少女爲女娃，我們在他處已證明女娃爲月亮神話的角色。（拙著山海經神話系統頁一〇五）赤松子與西王母有關，所以也與崑崙山有關。又有赤將子輿仙者，亦隨風雨上下，他「不食五穀，而噉百草花」。（列仙傳上）

又卷上以黃帝「自以爲雲師，有龍形」。黃帝時有馬師皇，「龍負皇而去」。偓佺（堯時人）仙者「好食松實，形體生毛，長數寸」。「容成公者，自稱黃帝師，……取精於元牡，其要，谷神不死，守生養氣者也。髮白更黑，齒落更生」。元牡、谷神，皆依老子爲說，與月亮神話相關。（拙著中國古代宗教系統論老子的道章）

「方回者堯時人也，……練食雲母」得仙。關令尹「常服精華」仙去。涓子「好餌朮，接食其精」，呂尙「服澤芝地髓」，皆成仙。師門「食桃李葩」，務光「服蒲韭根」，（淸王照圓說：蒲韭疑即菖蒲，其根九節，葉似韭也）仇生（殷時）「常食松脂」，彭祖「常食桂芝，善導引行氣」。以上的人皆長生不死。卭疏（周朝人）服「石鍾乳」，（照圓：石鍾乳自然凝結而成，如冰箸而中空，見本草經）平常生「數死復生」。楚狂接輿「好養生，食槖盧木實及蕪菁子」。（照圓：周官掌染草注有槖盧，是其木可染色也。史記司馬相如傳索隱曰：黃櫨木一云玉精，食其子得仙也，蓋本於此，而文疑有誤）范蠡「好服桂飲水」，寇先（宋人）「好種荔枝，食其葩實焉」，桂父「常服桂及葵，以龜腦和之」，任光「善餌丹」，修羊公食「黃精」。以上皆得仙。

「崔文子者，太山人也，文子世好黃老事，居潛山下，（初學記居潛作潛居）後作黃散赤丸……自言三百歲」。「故世寶崔文赤黃散實近於神焉」。

「羨門高者，秦始皇使盧生求羨門子高」。（照圓：史記封禪書索隱不云出列仙傳，廣韻羨字注云又姓，列仙傳有羨門。然則索隱所說即本傳文，但其詳，不可得聞耳）。按羨門即 shaman，似無疑義。

以上爲列仙傳卷上資料，所述各條係依原書前後次序。按卷上資料中，頗重吃藥之意，皆云是仙藥。如松實、雲母、芝、朮、丹、黃精、黃散赤丸、葵、蒲韮根、地髓、石鍾乳、桃李花、荔枝葩實、橐盧木實、桂、龜腦、元牡之精。這些仙藥當都有神話根據，月形像此像彼，或月中有此有彼，虞喜安天論：「俗傳，月中仙人桂樹」。西陽雜俎：「舊言，月中有桂」。學者以爲列仙傳即非劉向著作，也必爲漢朝人作品，可見後代所說的仙藥，有不少已見於漢朝述作。

列仙傳沒有忽略「山」的意義，方回隱於五柞山，涓子隱於宕山，呂尙匿於南山，務光入浮梁山及尙父山，仇生居尸鄉北山，卭疏在太室山，楚狂接輿在峨嵋山，任光在柏梯山，修羊公在華陰山，崔文子居潛山下。偓佺在槐山採藥，黃帝探首山銅，並葬橋山，赤松子至崑崙山。仙道與山不可分離。（諸山名見於列仙傳卷上）

該書卷下，秦穆公時有赤須子者，好食松實、天門冬、石脂，「齒落更生，髮墮再出，服霞絕（穀），後遂去吳山下，十餘年，莫知所之」。

「鉤翼夫人（齊人，姓趙），……幸而生昭帝，後武帝害之，殯尸不冷，而香一月間，後昭帝即位，更葬之，棺內但有絲履」。仙去。

「犢子者鄴人也，少在黑山採松子茯苓，餌而服之，且數百年，時壯時老，時好時醜，時人乃知其仙人也」。

主柱（圓：主姓也，出姓苑，見廣韻）居「宕山，言此有丹沙」，服者「五年能飛行」。又有園客（濟陰人）者，「常種五色香草，積數十年，食其實」。鹿皮公（淄川人），至「岑山上」「食芝草，飲神泉」。

「昌容者，常山道人也，（圓：常山、恒山避漢諱也）自稱殷王子，食蓬蘽根，（bulan!）往來上下，見之者二百餘年而顏色如二十許人」。（圓：選注引蓬蘽作蓬累）

「谿父者，南郡鄘人也，居山間，有仙人常止其家，從買瓜，教之鍊瓜子與桂附子芷實，共藏而對分食之二十餘年，能飛走昇山入水。後百餘年，居絕山頂，呼谿下父老與道平生事云」。瓜子亦仙藥成分！又居山的最高處！

「山圖者，隴西人也，少好乘馬，馬蹋之，折脚山中，道人教令服地黃、當歸、羌活、獨活、苦參散，服之一歲而不嗜食，病愈身輕，追道士問之，自言五嶽使，之名山採藥，能隨吾，使汝不死。山圖追隨之」。五嶽使到名山採藥，注重「山」。

「谷春者，櫟陽人也，成帝時爲郎，病死而屍不冷，家發喪行服，猶不敢下釘。三年，更著冠幘坐縣門上，邑中人大驚，家人迎之，不肯隨歸。發棺有衣無屍。留門上三宿去之長安，止橫門上，人知追迎之，復去，之太白山。立祠於山上。時來至其祠中止宿焉」。神話中有「三年」、「三宿」。死去三年，更生爲人，尙有月死（三天）復生的遺意。（如鯀死三年復化爲黃龍）

「毛女者，字玉姜，在華陰山中……形體生毛。自言秦始皇宮人也，秦壞流亡，入山避難，遇道士谷春，敎食松葉，遂不饑寒，身輕如飛，百七十餘年，所止巖中，有鼓琴聲云」。食松葉也可得仙，當取松柏不死之意。

「子英者，舒鄉人也，善入水捕魚，得赤鯉，愛其色好，持歸著池中，數以米穀食之，一年長丈餘，遂生角有翅翼。子英怪異拜謝之。魚言我來迎汝，汝上背，與汝俱昇天。即大雨。子英上其魚背，騰昇而去。歲歲來歸故舍，食飲、見妻子。魚復來迎之。如此七十年，故吳中門戶皆作神魚，遂立子英祠云」。古代除有騎龍昇天的神話，（列仙傳也說陶安公騎龍上昇）又說騎魚昇天，月形有時像魚，大荒西經：「蛇乃化爲魚」。龍能生角有翼，魚亦然。莊子逍遙遊的鯤魚並且很能遠飛。（月行如飛）。

「服閭者，不知何所人也，常止莒，往來海邊諸祠中。有三仙人於祠中博賭瓜，顧閭，令擔黃白瓜數十頭，敎令瞑目，及覺，乃在方丈山，（即崑崙）在蓬萊山南」。服閭似爲 bulan(月)，與蓬萊(bulan)同，方丈山亦即崑崙山。服閭爲神話名稱，可見仙人與仙山相關。

「商邱子胥者，高邑人也，（漢武光名鄗爲高邑）好牧豕吹竽，年七十不娶婦而不老，邑人多奇之，從受道，問其要，言但食朮菖蒲根飲水，不饑不老，如此傳見之，三百餘年」。

負局先生爲眞人，以紫丸藥爲人治病，皆愈，「後止吳山絕崖頭，懸藥下與人。將欲去時，語下人曰

：吾還蓬萊山，爲汝曹下神水崖頭，一旦有水白色，流從石間來下，服之多愈疾。立祠十餘處」。又說蓬萊山！

道士阮邱爲朱璜治病，與之「七物藥」，並「與老君黃庭經，令日讀三過，通之能思其意。邱遂與璜俱入浮陽山玉女祠」。也要讀道書，仙、道不可分離。又仙人素書，可以養性。（女丸條）

陵陽子明（銍鄉人），釣「得白魚，腹中有書，教子明服食之法。子明遂上黃山，采五石脂沸水而服之，三年龍來迎去，止陵陽山上百餘年，山去地千餘丈」。又說龍迎。

「邗（音寒）子者，自言蜀人也，好放犬，子時有犬走入山穴。邗隨入十餘宿，行度數百里，上出山頭，上有臺殿宮府，青松樹森然。（仙境）仙吏侍衛甚嚴，見故婦主洗魚，（事類賦婦作妻）與邗子付一函并藥，便使還，與成都令橋君，發函有魚子也，著池上，養之一年皆爲龍形。復送符還山上，犬色更赤，有長翰，常隨邗子往來百餘年，遂留止山上，時下來護其宗族。蜀人立祠於穴口，常有鼓吹傳呼聲。西南數千里共奉祠焉」。仙境藉放犬托出。犬亦成仙。所以劉安條又有雞犬飛升之說。

河間人元俗，「形無影，王乃呼俗日中，看實無影」。仙人日中無影，是根據月亮神話，山海經建木，（月樹）日中無影。

以上皆引列仙傳卷下，有吳山、黑山、宕山、岑山、常山、太白山、華陰山、方丈山、蓬萊山、浮陽山、及陵陽山，其中多神話山名。仙藥有松實、松子、松葉、天門冬、石脂、五石脂、茯苓、丹砂、五色香草、芝草、神泉、瓜、桂、地黃、當歸、苦參、朮、菖蒲、紫丸藥。仙人生羽毛，日中無影，或云尸解，或云升天。（亦有雞犬成仙之說）無論如何，仙和道的文化不能分開。

列仙傳約非出於劉向之手，但爲東漢人作品無疑，當然該書的資料，有許多根據古傳者，因爲在東漢以前，仙道觀念業已廣傳。

觀該書所言仙藥，實已爲後代談仙藥的張本，特別爲晉朝人立論的依據（見神仙傳）。當然封禪書已談黃金的製鍊，但自列仙傳起，大家已將仙藥擴大範圍，將山海經所言一類的神話仙方，已努力向實際方面推求。又將神話仙山，開始向實際的山嶽方面推演起來。此時爲古今仙道文化的承接期。

列仙傳法譯爲 Le Lie-Sien-Tchouan. Biographies Légendaires des Immortels taoïstes de L'antiquité, par M. Kaltenmark, Peking 1953, 204p 無新見解。

第四編　晉代仙意論述

第一章　抱朴子論仙資料選釋

抱朴子內篇二十卷，成書時代，早於神仙傳，該傳序中說的明白。葛洪對於仙道的論說，是在抱朴子一書中。

我們今將抱朴子論仙資料，略事選出，在可能範圍，加以解釋。使讀者再對於仙山和仙道的意義，獲得更多的認識。黃金與修仙的關係，本文也有解釋。其餘的複雜仙方，暫且略而不談。

我們有利用本書解釋本書之處，但也有書外的解釋，無論如何，總欲指示修仙神話傳說的原義。今先從仙山資料說起。

一、仙與山

仙與神話山不易離開。

抱朴子微旨篇：「或曰：竊聞求生之道，當知二山，不審此山，爲何所在，願垂告悟，以祛其惑。抱朴子曰：有之，非華霍也，非嵩岱也。夫太元之山，難知易求，不天不地，不沉不浮，絕險緜邈，崔嵬崎嶇，和氣絪縕，神意並遊，玉井泓邃，灌溉匪休，百二十官，曹府相由，離坎列位，玄芝萬株，絳樹特生，其寶皆殊，金玉嵯峨，醴泉出隅，還年之士，挹其清流，子能修之，喬松可儔，此一山也。長谷之山，杳杳巍巍，玄氣飄飄，玉液霏霏，金池紫房，在乎其隈，愚人妄往，至皆死歸，有道之士，登之不衰，採服黃精，以致天飛。此二山也。皆古賢之所秘，子精思之」。

這一段話，儼然是描述崑崙山。其中的「金玉」、「玉井」、「玉液」、「絳樹」、「醴泉」、「喬松」、「玄氣」、「金池」、「黃精」、皆有山海經、禹本紀所言的崑崙山意味。「太元之山，不沉不浮」，則直有月山意味。「二山」尚暗示月的二儀。「愚人妄往，至皆死歸」，海內西經言崑崙曰：「非仁羿莫能上岡之巖」。

微旨篇以「愚人妄往，至皆死歸」。此條的解釋可以參閱登涉篇：「或問登山之道。抱朴子曰：凡爲道合藥，及避亂隱居者莫不入山，然不知入山法者，多遇禍害。故諺有之曰：太華之下，白骨狼藉。皆謂偏知一事，不能博備，雖有求生之志，而反强死也。……凡人入山，皆當先齋潔七日，不經汚穢，帶昇山符，出門作周身三五法。……是以古之入山道士，皆以明鏡徑九寸已上，懸於背後，則老魅不敢近……。：上士入山，持三皇內文，及五岳眞形圖。……抱朴子曰：昔圓丘多大蛇，又生好藥，黃帝將登焉，廣成子敎之佩雄黃，而衆蛇皆去。今帶武都雄黃，色如雞冠者，五兩以上，以入山林草木，則不畏蛇；蛇若中人，以少許雄黃末內瘡中，亦登時愈也。……未入山，當預止於家，先學作禁法，思日月朱雀及玄武、靑龍、白虎以衛其身」。

以入山「爲道合藥」，當知入山之法，此方法爲齋潔、帶符、懸鏡、佩雄黃、手持三皇內文、五岳眞形圖，先學作禁法，思日月、朱雀、玄武、靑龍、白虎。──黃帝登的圓丘所生長的好藥，當是仙藥，圓丘，當原指月山，黃帝與月的關係略見下文。——登涉篇以爲作藥當入山，但尚有必入名山的說法，金丹篇：「今之醫家，每合好藥好膏，皆不欲令雞犬小兒婦人見之，若被諸物犯之，用便無驗。又染綵者，惡惡目者見之，皆失美色，況神仙大藥乎！是以古之道士，合作神藥，必入名山，不止凡山之中，正爲此也。又按仙經，可以精思合作仙藥者，有華山、泰山、霍山、恆山、嵩山、少室山、長山、太白山、終南山、女几山、地肺山、王屋山、抱犢山、安岳、潛山、青城山、娥眉山、綏山、雲臺山、羅浮山、陽駕山、黃金山、鼈祖山、大小天臺山、四望山、蓋竹山、括蒼山，此皆是正神在其山中，其中或有地仙之人，上皆生芝草，可以避大兵大難，不但於中以合藥也。若有道者登之，則此山神必助之爲福，藥必成。若不得登此諸山者，海中大島嶼，若會稽之東翁洲、亶洲、紵嶼，及徐州之莘莒洲、泰光洲、鬱洲，皆其次也」。

海中大島洲，頗有東方朔的十洲意味，都是仙洲。泰山（封禪上泰山。封禪爲祭月神，見拙著中國古代宗教系統頁一二九——一三〇。泰山有月山意味，泰、道音似）、終南山（有月山意義，本書有證明）、女几山（見於山海經）、黃金山（黃金與山相關，見下文）、鼈祖山（鼈與月山有神話關係，本書有證明）等，都尚暴露月山意味。「有道者登之（名山），則此山神必助之爲福，藥必成」，即可長生不死。不死之福是山神給的。

二、仙與道

仙與道的意義更不易分離。

地眞篇：「道起於一，其貴無偶，（道有至上神意義在內）。……老君曰：忽兮恍兮，其中有象；恍兮忽兮，其中有物，一之謂也。故仙經曰：子欲長生，守一當明。（長生與道（即一）相關）。……夫長生仙方，則唯有金丹，守形却惡，則獨有眞一，故古人尤重也。仙經曰：九轉丹，金液經，守一訣，皆在崑崙五城之內，藏以玉函，刻以金札，封以紫泥，印以中章焉。吾聞之於先師曰：一在北極大淵之中，前有明堂，後有絳宮，巍巍華蓋，金樓穹隆，左罡右魁，激波揚空，玄芝被崖，朱草蒙瓏；白玉嵯峨，日月垂光，歷火過水，經玄涉黃，城闕交錯，帷帳琳琅，龍虎列衛，神人在傍，不施不與，一安其所，不遲不疾，一安其室，能暇能豫，一乃不去，守一存眞，乃得通神」。（仙境描述）。

以仙方在崑崙，一之所在，即是仙境。人欲長生，當知守一，一即道也。得道可以成仙。

暢玄篇所說的「玄」就是「道」，「抱朴子曰：玄者，（下文玄道連言：其唯玄道，可與爲永）自然之始祖，而萬殊之大宗也。（道在莊子爲創造神，莊子有大宗師篇）眇昧乎其深也，故稱微焉，（老子稱道爲微）緜邈乎其遠也，故稱妙焉，（老子稱衆妙之門）。其高則冠蓋乎九霄，其曠則籠罩乎八隅，光乎日月，（葛洪似已不知「道」爲何神話，但他一本古傳，所以有些眞實文化的痕迹）迅乎電馳，……因光類而爲有，託潛寂而爲無，淪大幽而下沉，凌辰極而上游，（月的描述）金石不能比其剛，湛露不能等其柔，（言剛柔，剛柔在易經言月）方而不矩，圓而不規，來焉莫見，（爲何不見？）往焉莫追；乾以之高，坤以之卑，雲以之行，雨以之施，胞胎元一，範鑄兩儀，（按明本篇：道也者，所以陶冶百代，範鑄二儀，胞胎萬類）吐納大始，鼓冶億類，徊旋四七，匠成草昧」。

我們早已主張易經「天造草昧」的「天」是代替「道」的意義，今又有實際的證明了，因爲是道「匠成草昧」。「元一」和「兩儀」有老子「道生一，一生二」的意思。「徊旋四七」。四七二十八爲月亮出現的天數。

地眞篇以「守形却惡，則獨有眞一」，一爲道，道爲玄，不守玄道，得不到仙。暢玄篇下文又述及修道的方式說：「恢恢蕩蕩，與渾成，(當即渾沌，原即 Kato——月) 等其自然，(渾沌欲任自然) 浩浩茫茫，與造化鈞其符契，(言月神)。如闇如明，如濁如清，似遲而疾，似虧而盈」。明明使人向月亮取法。

今再引證暢玄篇數語，以完全仙、道相關的意境：「夫玄道者……高不可登，深不可測，乘流光，策飛景，淩六虛，貫涵溶，出乎無上，入乎無下，經乎汗漫之門，遊乎窈眇之野，逍遙恍惚之中，倘佯彷彿之表；咽九華於雲端，咀六氣於丹霞，徘徊茫昧，翱翔希微」。這種描述，都似非以月亮爲根據不可。

得道之人，也和道有相似情形：

對俗：「夫得道者，上能竦身於雲霄，下能潛泳於川海。」

明本篇：「夫得仙者，或昇太清，或翔紫霄，或造玄洲，或棲板桐，聽鈞天之樂，享九芝之饌，出攜松羨於倒景之表，入宴常陽於瑤房之中」。

對俗篇：「得道之士，呼吸之術既備，服食之要又該，掩耳而聞千里，閉目而見將來，或委華駟而轡蛟龍，或棄神州而宅蓬瀛」。

又：「仙人或昇天，或住地，要於俱長生住留，各從其所好耳」。

又：「古之得仙者，或身生羽翼，變化飛行，失人之本，更受異形，有似雀之爲蛤，雉之爲蜃，非人道也」。

論仙：「牛哀成虎，楚嫗爲黿，枝離（一作滑錢）爲柳，秦女爲石；死而更生，男女易形」。

三、仙與修養

仙也與修養有關係，我們已說過了，今再看抱朴子資料。

對俗篇：「欲求仙者，要當以忠孝和順仁信爲本。若德行不修，而但務方術，皆不得長生也。行惡事，大者司命奪紀，（紀爲三百日）小過奪算（算爲三日），隨所輕重，故所奪有多少也。凡人之受命得壽，自有本數；數本多者，則紀算難盡而遲死；若所禀本少而所犯者多，則紀算速盡而早死。又云：人欲地仙，當立三百善；欲天仙，立千二百善；若有千一百九十九善，而忽復中行一惡，則盡失前善，乃當復更起善數耳。故善不在大，惡不在小也。……又云：積善事未滿，雖服仙藥，亦無益也。若不服仙藥，並行好事，雖未便得仙，亦可無卒死之禍矣。吾更疑彭祖之輩，善功未足，故不能昇天耳」。

修仙的「修」字的確也重要，「立三百善」爲地仙條件，「千二百善」爲天仙條件，只從修養方法成仙已不甚易。行惡事的人不能得仙，仙道與罪惡的意義不能相容。

修仙不死需要行道，極言篇：「非長生難也，聞道難也；非聞道難也，行之難也；非行之難也，終之難也」。

微旨篇：「覽諸道戒，無不云欲求長生者，必欲積善立功，慈心於物，恕己及人，仁逮昆蟲，樂人之吉，愍人之苦，賙人之急，救人之窮，手不傷生，口不勸禍；見人之得，如己之得；見人之失，如己之失；不自貴，不自譽，不嫉妬勝己，不佞諂陰賊，如此乃爲有德，受福於天，所作必成，求仙可冀也」。

四、金丹仙方

一方面說得道成仙，但又說「長生仙方唯有金丹」。今觀金丹篇云：「抱朴子曰：余考覽養性之書，鳩集久視之方，曾所披涉，篇卷以千計矣。莫不皆以還丹金液爲大要者焉。然則此二事，蓋仙道之極也，服此而不仙，則古來無仙矣。……余問諸道士以神丹金液之事，及三皇文，召天神地祇之法，了無一人知之者。……皆言唯上古已度仙人，乃當曉之。……晉左元放於天柱山中精思，而神人授之金丹仙經，會漢末亂，不遑合作，而避地來渡江東，志欲投名山以修斯道。余從祖仙公，又從元放受之，凡受太清丹經三卷，及九鼎丹經一卷，金液丹經一卷。余師鄭君者，則余從祖仙公之弟子也。……元放以授余從祖，從祖以授鄭君，鄭君以授余。……夫金丹之爲物，燒之愈久，變化愈妙，黃金入火，百鍊不消，埋之畢天不朽，服此二物，鍊人身體，故能令人不老不死。此蓋假求於外物以自堅固，有如脂之養火不可滅。……余今略鈔金丹之都，較以示後之同志。……凡草木燒之即燼，而丹砂燒之成水銀，積變又還成丹砂，（有如陰陽互變）其去凡草木亦遠矣，故能令人長生……。第一之丹名曰丹華。當先作玄黃，用雄黃水、礬石水、戎鹽、鹵鹽、礬石、牡礪赤石、脂滑石胡粉各數十斤，以爲六一泥，火之三十六日，成，服之七日仙。又以玄膏丸此丹，置猛火上，須臾成黃金。又以二百四十銖，合水銀百斤，火之，亦成黃金」。（下文略）

文：「以金液爲威喜巨勝之法，取金液及水銀一味合煮之，三十日，出，以黃土甌，盛以六一泥，封置猛火，炊之六十時，皆化爲丹，服如小豆大、便仙。以此丹一刀圭粉，水銀一斤，即成銀。又取此丹一斤，置火上扇之，化爲赤金而流，各曰丹金。以塗刀劍，辟兵萬里。以此丹金爲盤椀，飲食其中，令人長生。以承日月得液，如方諸之得水也，飲之不死。以金液和黃土內六一泥甌中，猛火炊之，盡成黃金，中用也。復以火炊之，皆化爲丹，服之如小豆，可以入名山大川，爲地仙」。

古人製作黃金之方，是否能合成如金之物，尚待研究。爲什麼用金盤椀飲食，即令人長生？金丹篇取象徵理由，以爲「黃金入火，百鍊不消，」可以「鍊人身體，故能令人不老不死。此蓋假求於外物以自堅固」。這是不明白修仙神話。（見下文解釋）

從金丹篇，可知「神丹金液之事」與「天神地祇」相關，關於此點，可見下文論祠竈片段。

論仙篇：「世人以劉向作金不成，便謂索隱行怪，好傳虛無，所撰列仙，皆復妄作。悲夫！此所謂以分寸之瑕，棄盈尺之夜光；以蟻鼻之缺，捐無價之淳鈞。……夫作金皆在神仙集中，淮南王抄出以作鴻寶，枕中書雖有其文，能皆秘其要文，必須口訣，臨文指解，然後可爲耳。其所用藥，復多改其本名，不可按之便用也。劉向父德治淮南王獄中所得此書，非爲師授也。向本不解道術，偶偏見此書，便謂其意盡在紙上。是以作金不成耳。至於撰列仙傳，自删秦大夫阮倉書中出之，或所親見，然後記之，非妄言也」。

作金有些神話根據，見下文。

五、黃白篇補充前意

「抱朴子曰：神仙經黃白之方二十五卷，千有餘首。黃者金也，白者銀也。古人秘重其道，不欲指斥，故隱之云爾。……余昔從鄭公受九丹及金銀液經，因復求受黃白中經五卷，鄭君言曾與左君於廬江銅山中試作皆成也。然而齋潔禁忌之勤苦，與金丹神仙藥無異也」。

「又俗人以劉向作金不成，便云天下果無此道，是見田家或遭水旱不收，便謂五穀不可播殖得也。成都內史吳大文，博達多知，亦自說昔事道士李根，見根煎鉛錫，以少許藥，如大豆者，投鼎中，以鐵匙攪之冷，即成銀。……至於眞人作金，自欲餌服之致神仙，不以致富也。故經曰：金可作也世可度也，銀亦可餌服，但不及金耳。余難曰：何不餌世間金銀而化作之？作之則非眞，非眞則詐僞也。鄭君答余曰：世間金銀皆善，然道士率皆貧，故諺云：無有肥仙人富道士也。師徒或十人，或五人，亦安得金銀以供之乎？又不能遠行採取，故宜作也。又化作之金，乃是諸藥之精，勝於自然者也。仙經云：丹精生金，此是以丹作金之說也。故山中有丹砂，其下多有金，且夫作金成則爲眞物，中表如一，百鍊不減，故其方也，可以爲釘，明其堅勁也。此則得夫自然之道也，故其能之，何謂詐乎？詐者謂以曾青塗鐵，鐵赤色如銅；以雞子白化銀，銀黃如金，而皆外變而內不化也。夫芝菌者自然而生，而仙經有以五石五木種芝，芝生，取而服之，亦與自然芝無異，俱令人長生，此亦作金之類也。雉化爲蜃，雀化爲蛤，與自然者正同，故仙經曰：流珠九轉，父不語子，化爲黃白，自然相使。又曰：朱砂爲金，服之昇仙者上士也；茹芝導引，咽氣長生者中士也；餐食草木，千歲以還者下士也；又曰：金銀可自作，自然之性也，長生可學得者也」。這些話都是由神話向實際方面推求。

六、黃白術解釋

黃白指金銀，指製作的金銀。爲什麼這種金銀與神仙相關？爲什麼不用自然的金銀？這金銀究竟有什麼根據？

山海經的山，我們已證明是神話的月山，月山上有金有銀。（如言其陽多金，或多白金）當然實際的山上也有金銀，但這只好是神話的憑藉。金銀是神話的金銀，月亮的陽面像似金銀。

印度古代有大風箱神話，我們也證明爲月亮神話，在那神話中，金子與月亮互關。（拙著中國古代宗教系統，頁五一——五二）堯舜在月亮神話中要角色，（二者也即月亮神話中人物）淮南子泰族訓：「舜深藏黃金於嶄巖之山」。抱朴子詰鮑篇：「余聞唐堯之爲君也，捐金於山；虞舜之禪也，捐璧於谷，疏食非服」。捐金、捐璧、藏黃金當以月陽面化爲陰面爲根據。易經的乾卦（月）爲金爲玉。神異經西荒經：「西方日宮之外，有山焉（月山），其長十餘里，廣二三里，高百餘丈，皆大黃之金，其色殊美，不雜土石不生草木；上有金人，高五丈餘，皆純金，名曰金犀。入山下一丈有銀，又一丈有錫，又入一丈有鉛，又入一丈有丹陽銅，似金可鍛，以作錯塗之器。」

史記封禪書以祠竈與製造黃金相關說：「是時李少君亦以祠竈穀道卻老方見上，上尊之。少君者，故深澤侯舍人，主方，匿其年及其生長，常自謂七十，能使物卻老。……少君言上曰：祠竈則致物，致物而丹沙可化爲黃金，黃金成，以爲飲食器則益壽，益壽而海中蓬萊僊者乃可見，見之以封禪則不死，黃帝是也。臣嘗遊海上，見安期生，安期生食巨棗大如瓜。安期生僊者，通蓬萊中，合則見人，不合則隱。於是天子始親祠竈，遣方士入海，求蓬萊安期生之屬，而事化丹沙諸藥齊爲黃金矣」。

蓬萊即 Bulan （南洋語言指月），黃金既即月面黃金（神話），可在長生不死神話中要角色。但爲使丹沙化爲黃金，應當祠竈。爲什麼祠竈？竈神爲月神，似無疑義。廣東和江蘇民俗，以陰歷八月初三日爲竈神誕日。（中華全國風俗誌）月亮的確在初三出來，竈神確爲月神，可惜學者尙不知道。抱朴子微旨篇：「月晦之夜，竈神亦上天白人罪狀」。月亮消失，竈神亦去，他的上天當指去向天（神）報告。後人以農歷十二月二十三（或二十四）竈神上天白人罪狀，是把日期演變錯了，當以抱朴子所言爲是。

祭拜竈神與製金有關，見得神話也有神話的邏輯，月神當然和月亮有關係。丹沙、黃金在神話內似是最好的仙藥。竈神至今尙爲民間祭拜的對象，但該神的記載有更古於封禪書者：「與其媚於奧，寧媚於灶」。（論語）淮南子以黃帝作灶，死爲灶神。我們已證明黃帝爲月神。（拙著中國古代宗教系統論上帝章）月色是黃的。有黃金又有黃帝神話。封禪書以爲黃帝不死。（月死復生）

仙藥篇：「仙藥之上者丹砂，次則黃金，次則白銀，次則諸芝，次則五玉，次則雲母，次則明珠，次則雄黃，次則太乙禹餘糧，次則石中黃子，次則石桂，次則石英，次則石腦，次則石硫黃，次則石粘，次則松柏脂、茯苓、地黃、麥門冬、木巨勝、重樓、黃連、石韋、楮實、象柴、一名純盧是也。」（參閱仙藥篇）丹砂、黃金、白銀在神話中是最好的仙藥。

以作成的黃金爲仙藥，助人成仙；這定然不等於天然的黃金，所以是所謂黃金，這種神話黃金，與不死意義相關，雖不是事實，也有一番文化上的意義。

極言篇：「不得金丹，但服草木之藥，及修小術者，可以延年遲死耳。或但知服草藥，而不知還年之要術，則終無久生之理也」。仙藥篇：「仙經曰：雖服草木之葉，已得數百歲，忽怠於神丹，終不成仙」。

抱朴子論金丹及黃白術已譯爲英文， Wu Lu-Chhiang & Davis, T. L. An Ancient Chinese Alchemical Classic; Ko Hung on the gold Medicine, and on the Yellow and the White; being the fourth and sixteenth Chapters of Pao Phu Tzu, (Proceedings of the American Academy of Arts and Sciences,（70）1935）又豐浮露 (Prof-Feifel) 教授將抱朴子不少部分譯爲德文，載於Monumenta Serica 雜誌數期。

七、結論

抱朴子論仙資料很豐富，我們只選釋了一小部分。葛洪似乎爲完成該書的內篇，參考了很多的書籍，所以他的資料很寶貴。讀者只好再參考他的著作。

仙道文化只是基於神話。抱朴子雖已不明白原始神話，但因他本於古傳，我們也可以依着他的資料，尋得些原意。這一類的資料，不怕繁蕪，而且越繁蕪越能告訴我們神話演變的情形。

書中所說的仙藥仙方，究竟有否價值，有何價值，尙待來日研究。要之，古人定不是毫無理智，定有一部分所謂仙藥，可以治病。仙道要求修行，定也影響了古人的人生哲學。

抱朴子也談天仙和地仙，他引仙經云：「上士擧形昇虛，謂之天仙；中士遊於名山，謂之地仙；下士先死後蛻，謂之尸解仙」。（論仙篇）尸解似寧當歸地仙，因蟬脫蛇解指示返老還童。

「儒墨之家」，「終不言其有焉，（不信有仙），但列仙之人，盈乎竹素矣；不死之道，曷爲無之？」（論仙篇）對俗篇引仙經曰：「服丹守一，與天相畢，還精胎息，延壽無極」。抱朴子有數點主要資料，以月山、月亮、與月似黃金爲演變基礎。

長生不死也說與神有關係，有正神、山神、天神地神，又有司命神，金丹篇以爲服一種丹丸「千日，司命削去死籍，與天地相畢，日月相望，形易容變無常，日中無影，乃別有光也。」形易容變和日中無影的說法，又都以月亮爲根據。江蘇民俗中以司命即灶神。（柳絮：送灶談俗，新生副刊，五十一年一月二十八日）

論衡道虛篇：「曼都好道學仙……居月之旁」。抱朴子祛惑篇「河東蒲阪有項曼都者，與一子入山學仙，十年而歸家。家人問其故，曼曰：在山中三年精思，有仙人來迎我，共乘龍而升天。良久，低頭視地，杳杳冥冥，上未有所至，而去地已絕遠。龍行甚疾，頭昂尾低；令人在其脊上危怖嶮巇。及到天上，先過紫府，金牀玉几，晃晃昱昱，眞貴處也。仙人但以流霞一杯與我，飲之輒不飢渴。忽然思家，到天帝前謁拜入儀，見斥，來還。令當更自修積，乃可得更復矣」。

好道學仙，居月之旁，透露仙者與月神話相關。修仙也需要修積道德。唐鄭還古博異志陰客條：「初得仙者，關送此國（梯仙國），修行七十萬日，然後得至諸天，或玉京、蓬萊、崑閬、姑射、然方、得仙官職位」。

第二章　神仙傳中的仙者

晉葛洪著神仙傳，「抄集古之仙者」，（葛洪語）今將該書所抄集者，錄出一部分，以資研究。爲簡明起見，暫將資料劃爲地仙天仙兩部分，然後予以解釋。

仙道是中國思想史中一個重要系統，但這個主張不死的思想系統，究竟有何本源？本文要答覆這個問題。

茲先將資料錄出如左：

一、地仙的記述

神仙傳卷二：「白石先生者，中黃丈人弟子也，至彭祖時已二千歲餘矣，不肯修昇天之道，但取不死而矣，不失人間之樂，常煮白石爲糧，因就白石山居，時人故號曰白石先生。亦食脯飲酒，亦食穀食，日行三四百里，視之色如四十許人，性好朝拜事神，好讀幽經及太素傳。彭祖問之曰：何不服昇天之藥？答曰：天上復能樂人間乎？但莫使老死耳。天上多至尊，相奉事，更苦於人間。故時人呼白石先生爲隱遁仙人，以其不汲汲於昇天爲仙官，亦猶不求聞達者也」。以天仙不如地仙。

同卷：「王遠，字方平，東海人也……棄官入山修道，道成，漢孝桓帝聞之，連徵不出。……遠在陳（耽）家四十餘年，陳家曾無疾病死喪，奴婢皆然，六畜繁息，田桑倍獲。遠忽語陳耽曰：吾期運當去，不得久停，明日日中當發。至時遠死。旣知其仙去，不敢下着地，但悲啼嘆息曰：先生捨我，我將何怙？具棺器燒香就床衣裝之。三日夜，忽失其屍，衣冠不解如蛇蛻耳。（蔡經從王遠學道），入室以被自覆，忽然失之；視其被內，唯有皮頭足具，如蟬蛻也。去十餘年，忽還家，容色少壯……經父母私問經曰：王君是何神人？經曰：常在崑崙山，往來羅浮、括蒼等山，山上皆有宮室」。崑崙山與蛇蛻，蟬蛻皆明屬月亮神話。

同卷：「黃初平者，丹溪人也，年十五，家使牧羊，有道士見其良謹，便將至金華山石室中，四十餘年，不復念家，其兄初起行山尋索。……初起曰：弟獨得仙道如此，吾可學乎？初平曰：唯好道便可得之耳。初起便棄妻子留住，就初平學，共服松脂茯苓，至五百歲，能坐在立亡，行於日中無影，而有童子之色。後乃俱還鄉里，親族死終略盡，乃復還去。初平改字爲赤松子，初起改字爲魯班。其後服此藥得仙者數十人」。仙道連言，「道」原指月亮。

卷四：「張道陵者，沛國人也。與弟子入蜀，住鵠鳴山，……丹成服半劑，不願即昇天也。……初、陵入蜀山，合丹半劑，雖未沖舉，已成地仙」。試看道教之祖。

卷五：「泰山老父者，莫知姓字。漢武帝東巡狩，見老翁鉏於道傍，頭上白光，高數尺。怪而問之。老人狀如五十許人，面有童子之色，肌膚光華，不與俗同。帝問有何道術。對曰：臣年八十五時，衰老垂死，頭白齒落。有道者敎臣絕穀，但服朮飲水，並作神枕，枕中有三十二物，中有二十四物，以當二十四氣。八物以應八風。臣行之，轉老爲少，黑髮更生，齒落復出，日行三百里。臣今一百八十歲矣。帝受其方，賜玉帛。老父後入岱山中，每十年五年時還鄉里，三百餘年乃不復還」。「泰」山有月山之意；淮南子泰族訓注：「泰言古今之道」。

卷六：「呂恭，字文敬，少好服食，將一奴一婢於太行山中採藥，忽見三人在谷中問恭曰：子好長生乎？乃勤苦難險如是耶！恭曰：實好長生而不遇良方，故採服此藥，冀有微益耳。一人曰：我姓呂，字文起；次一人曰：我姓孫，字文陽；次一人曰：我姓王，字文上。三人皆太清太和府仙人也；時來採藥，當以成新學者；公既與我同姓，又字得吾半支，此是公命當應長生也。若能隨我採藥，語公不死之方。恭即拜曰：有幸，得遇仙人，但恐暗塞多辜，不足教授耳；若見采收，是更生之願也。即隨仙人去，二日，乃授恭秘方一首，因遣恭去曰：可視鄉里，恭即拜辭。三人語恭曰：公來二日，人間已二百年矣！恭歸家，但見空宅，子孫無復一人也。乃見鄉里數世後人趙輔者，問呂恭家人皆何所在。輔曰：君從何來？乃問此久遠人也！吾昔聞先人說云：昔有呂恭者，持奴婢入太行山採藥，遂不復還，以為虎狼所食，已二百餘年矣！恭有數世子孫呂習者，居在城東十數里，作道士，民多奉事之，推求易得耳。恭承輔言，到習家扣門問訊。奴出，問公從何來。恭曰：此是我家，我昔隨仙人去，至今二百餘年。習聞之驚喜，跣出拜曰：仙人來歸，悲喜不能自勝。公因以神方授習而去。習已年八十，服之即還少壯，至二百歲，乃入山中，子孫世世不復老死」。仙人可給仙方。

卷七：「嚴清，會稽人，家貧，常於山中作炭，忽有一人與清語，不知其異人也。臨別，以一卷書與清曰：汝得長生，故以相授，當以潔器盛之，置於高處。清受之，後得其術，入霍山仙去」。所與之書當是道書之類。

同卷：「帛和，字仲理，遼東人也，入地肺山，事董奉，奉以行氣服朮法授之，告和曰：吾道盡此，不能得神丹金砂，周遊天下，無山不往，汝今少壯，廣求索之。和乃到西城山，事王君，王君語和大道訣曰：此山石室中當熟視北壁，當見壁有文字，則得道矣。視壁三年，方見文字，乃古人之所刻太清中經神丹方，及三皇天文大字，五岳眞形圖，皆著石壁。和諷誦萬言，義有所不解，王君乃授之訣。後入林慮山爲地仙，林慮一名隆慮，其山南連大行，北接恒岳，有仙人樓高五十丈」。神丹方爲時也相當的古。

卷八「：墨子者，名翟，宋人也……年八十有二，乃歎曰：世事已可知，榮位非常保，將委流俗以從赤松子游耳，乃入周狄山，精思道法，想像神仙，於是數聞左右山間有誦書聲者，墨子臥後，又有人來以衣覆足。墨子乃伺之，忽見一人，乃起問之曰，君豈非山岳之靈氣乎？將度世之神仙乎？願且少留，誨以道要。神人曰：知子有志好道，故來相候，子欲何求？墨子曰：願得長生，與天地相畢耳。於是神人授以素書，朱英丸方，道靈教戒，五行變化，凡二十五篇，告墨子曰：子有仙骨，又聰明，得此便成，不復須師。墨子拜受合作，遂得其驗，乃撰集其要，以爲五行記，乃得地仙，隱居以避戰國。至漢武帝時，遣使者楊違束帛加璧以聘墨子，墨子不出。視其顏色，常如五十許人，周游五嶽，不止一處」。也把墨子拉到仙家。

同卷：「衛叔卿者，中山人也，服雲母得仙。漢元封二年八月壬辰，孝武皇帝閒居殿上，忽有一人乘雲車，駕白鹿，從天而下，來集殿前，其人年可三十許，色如童子，羽衣星冠，帝乃驚問曰：爲誰？答曰：吾中山衛叔卿也。……（叔卿曾在仙山）與數人戲於石上，紫雲鬱鬱於其上，白玉爲牀，又有數仙童執幢節立其後」。服藥得仙。

卷九：「孔安國者魯人也，常行氣服鉛丹，年二百歲，色如童子。隱潛山，弟子隨之數百人。……（

安國說：）吾亦少更勤苦，尋求道術，無所不至，遂不能得神丹八石登天之法，唯受地仙之方，適可以不死」。

卷十：「魯女生長樂人，初餌胡麻及朮，絕穀八十餘年，年日少壯，色如桃花，日能行三百里，走及麞鹿，傳世見之，云三百餘年後，采藥嵩高山，見一女人曰：我三天太上侍官也，以五岳眞形與之，並告其施行。女生道成，一旦與知友故人別，云入華山，去後五十年，先相識者逢女生華山廟前，乘白鹿，從玉女三十人」。

同卷：「陳子皇得餌朮要方服之，得仙，去霍山」。同卷：「甘始者太原人也，善行氣，不飲食，又服天門冬，行房中之事，依容成玄素之法……在世百餘歲，乃入王屋山仙去」。

同卷：「宮嵩，琅琊人也，有文才，著書百餘卷，師事仙人于吉。漢元帝時，嵩隨吉於曲陽泉上，遇天仙，授吉青縑朱字太平經十部，吉行之得道以付嵩，後上此書，書多論陰陽否泰災眚之事，有天道地道人道，云治國者用之，可以長生，此其旨也。嵩服雲母，數百歲有童子之色，後出入紵嶼山仙去」。陰陽否泰是說月亮。（拙著易經原義的發明）

同卷：「黃山君者，修彭祖之術，年數百歸，猶有少容，亦治地仙，不取飛昇」。

同卷「李根，……不得神丹大道之訣，唯得地仙方爾」。

同卷：「封衡者字君達，隴西人也，幼學道，通老莊，勤訪眞訣，初服黃連。五十年後，入鳥獸山採藥，又服朮百餘年，還鄉里如二十許人，……復遇魯女生，授還丹訣，及五嶽眞形圖，遂周遊天下，故山官水神潛相迎伺，而凶鬼怪物無不竄避。……魏武帝問養性大略，師曰：體欲常勞，食欲常少，勞勿過極，少勿過慮，去肥濃，節酸鹹，減思慮，損喜怒，除馳逐，愼房室，則幾於道矣。故聖人春夏養陽，秋冬養陰，以順其根，以契造化之妙。有二侍者，一負書笈，一携藥笥。有容成養氣術十二卷，墨子隱形法一篇，靈寶衛生一卷。笥有煉成水銀霜黃連屑等。在人間謹二百餘年，後入元邱山不見」。用各種方法，衛生、服藥、學道。

二、天仙的記述

神仙傳卷四：「漢淮南王劉安者，漢高帝之孫也，……（他曾說：）安以凡才，少好道德，羈鏁世務，沉淪流俗，不能遺累負笈山林，然夙夜饑渴，思願神明……——八公使安登山大祭，埋金地中，即白日昇天。八公與安所踏山上石，皆陷成跡，至今人馬跡猶存。漢史秘之，不言安得神仙之道，恐後世人主當廢萬機，而競求於安道，乃言安得罪後自殺，非得仙也」，又：「以安仙去，分明方知天下實有仙也」。（註一）埋金、好道德、思願神明。

又卷四：「陰長生者，新野人也，……後於平都山東白日昇天（因服丹昇天）而去，著書九篇，云上古仙者多矣，不可盡論，但漢興以來得仙者四十五人，連余為六矣，二十人尸解，餘並白日昇天。……陰君處民間百七十年，色如女子，白日昇天而去。」又：「抱朴子曰：洪聞諺書有之曰：子不夜行，則安知道上有夜行人？今不得仙者，亦安知天下山林間不有學道得仙者」？

卷五：「巫炎，字子都，北海人也，漢駙馬都尉，武帝出，見子都於渭橋，其頭上鬱鬱紫氣，高丈餘。帝召問之：君年幾何，所得何術，而有異氣乎？對曰：臣年已百三十八歲，亦無所得。將行詔東方朔，使相此君有何道術。朔對曰：此君有陰道之術。武帝屏左右而問之，子都對曰：臣年六十五時，苦腰痛脚冷，不能自溫，口乾舌苦，滲涕出，百節四肢疼痛，又痺不能久立，得此道以來七十三年，今有子二十六人，身體强勇，無所疾患，氣力乃如壯時，無所憂患。帝曰：卿不仁，有道而不聞於朕，非忠臣也。子都對曰：臣誠知此道爲眞，然陰陽之事，宮中之利，臣子之所難，言又行之，皆逆人情，能爲之者少，故不敢以聞。勿謝戲君耳，遂受其法。子都年二百歲，服餌水銀，白日昇天。武帝頗行其法，不能盡用之，然得壽最長於先帝也」。服藥之外，講求「陰道」和「陰陽」。

卷六：「李少君者，齊人也。漢武帝招募方士。少君於安期先生（註二）得神丹爐火之方，家貧，不能辦藥，謂弟子曰：老將至矣，而財不足，雖躬耕力作，不足以致辦。今天子好道，欲往見之，求爲合藥，可得恣意，乃以方上帝云：丹砂可成黃金，金成服之昇仙；臣常遊海上，見安期先生食棗，大如瓜。天子甚尊敬之，賜遺無數。……少君是數百歲人矣，視之如五十許人，面色肌膚，甚有光澤，口齒如童子。王公貴人，聞其能令人不死，莫不仰慕，所遺金錢山積。少君乃密作神丹，丹成，謂帝曰：陛下不能絕驕奢，遣聲色，殺伐不止，喜怒不勝，萬里有不歸之魂，市曹有流血之刑，神丹大道，未可得成。乃以少藥方與帝。少君便稱疾。是夜，帝夢與少君俱登嵩高山，半道有使者，乘龍持節雲中，來言太乙請少君，帝遂覺，即使人問少君消息，且告近臣曰：朕昨夢，少君捨朕去，少君乃病困。帝往視之，並使人受其方，事未竟而卒。帝曰：少君不死，故化去耳。及歛，忽失屍，所在中表，衣悉不解，如蟬蛻也。帝猶增歎，恨求少君不勤也」。（註三）參閱史記封禪書。

卷七：「太玄女姓顓名和，少喪父，或相其母子，皆曰不壽。惻然以爲憂，常曰：人之處世，一失不可復生，況聞壽限之促，非修道不可以延生也。遂行，訪明師洗心求道，得王子之術，行之累年，遂能入水不濡，盛雪寒時，單衣氷上，而顏色不變，身體溫煖，可至積日。又能徙官府宮殿城市屋宅於他處，視之無異，指之即失其所。在門戶櫝櫃有關鑰者，指之即開，指山山摧，指樹樹坼，更指之即復如故。將弟子行山間，日暮，以杖叩石，即開門戶，入其中，屋宇床褥幃帳廩供酒食如常。雖行萬里，所在常爾。能令小物忽大如屋，大物忽小如毫芒。或吐火張天，噓之即滅；又能坐炎火之中，衣履不燃。須臾之間，或化老翁，或爲小兒，或爲車馬，無所不爲。行三十六術甚効，起死廻生，救人無數。不知其何所服食，亦無得其術者，顏色益少，鬢髮如鴉，忽白日昇天而去」。說「指山山摧，指樹樹坼」，在無意中根據月亮的「像似穿山越樹」無所不經之意。

卷八：「玉子者，姓韋名震，南郡人也，少好學衆經，周幽王徵之不出，乃歎曰人生世間，日失一日，去生轉遠，去死轉近，而但貪富貴，不知養性命，人盡氣絕則死，位爲王侯，金玉如山，何益於灰土乎?獨有神仙度世，可以無窮耳。乃師長桑子，具受衆術，別造一家之法，著道書百餘篇，其術以務魁爲主，研精於五行之意，演其微妙，以養性治病，消災散禍，……後入崆峒山，合丹，白日昇天而去」。仙與道不能離開。

又「沈羲者，吳郡人，學道於蜀中。……有三仙人羽衣持節，以白玉簡、青玉介、丹玉字授羲，羲不能識，遂載羲昇天，昇天之時，道間鉏耘人皆共見，不知何等，斯須大霧，霧解，失其所在，但見羲所乘車牛在田食苗，或有識是羲車牛，以語羲家弟子，恐是邪鬼將羲藏山谷間，乃分布於百里之內，求之不得，四百餘年，忽還鄉里，推求得數世孫名懷喜，懷喜告曰：聞先人說，家有先人仙去，久不歸也。留數十日，說初上天時云，不得見帝，但見老君東向而坐，……宮殿鬱鬱如雲氣，玉色玄黃，不可名狀，侍者數百人，多女少男，庭中有珠玉之樹，衆芝叢生，龍虎成羣，游戲其間。」此處略言仙境。

卷十：「沈文泰者，九疑人也，得紅泉神丹法，土符延年益命之道，服之有效，欲之崑崙，留安息二十餘年，以傳李文淵曰：土符却老，不去服藥，行道無益也。文淵遂受秘要，後亦仙昇。後以竹根汁煮丹及黃白去三尸法，出此二人矣」。好像崑崙離安息不遠。三尸見抱朴子微旨篇。

同卷：「絕洞子姓李名修，其經曰弱能制强，陰能弊陽，常若臨深履危，御奔乘駕，長生之道也。年四百餘歲，顏色不衰，著書四十篇，名曰道源，服還丹昇天也。」陰能蔽陽，即莊子「陰陽相蓋」之意。注意長生之道，與陰陽相關；「弱能制强」是老子意。

同卷：「括蒼山有學道者平仲節，河中人，以大胡亂中國時（謂劉淵、劉聰）來度江，入括蒼山，受師宋君存心鏡之道，具百神，行洞房事，如此積四十五年中精思，身形更少，體有眞氣。晉穆帝永和元年五月一日，中央黃老遣迎，即日乘雲駕龍，白日昇天，在滄浪雲台」。學道四十五年。

同卷：「黃敬，……棄世學道於霍山，八十餘年，復入中岳，專行服氣斷穀，爲吞吐之事，……吞陰陽符。……至二百歲，轉還少壯。道士王紫陽數往見之，求要言。敬告子陽曰：吾不修服藥之道，但守自然，蓋地仙耳，何足詰問。問新野陰君神丹昇天之法，此眞大道之極也，子可從之。人能除遣嗜欲如我者，亦可以學我所爲也」。可注意陰陽符說法。

三、資料的解說

仙道不死基於月亮神話，惜乎古人皆不知道。仙者演成天仙和地仙之說，神仙傳卷三劉根（註四）條引韓衆說：「夫仙道有昇天躡雲者，有遊行五岳者，有服食不死者，有屍解而仙者。凡修仙道要在服藥，藥有上下，仙有數品，不知房中之事及行氣導引並服藥者，亦不能仙也。藥之上者有九轉還丹太乙金液，服之者皆立登天，不積日月矣。其次有雲母雄黃之屬，雖不即乘雲駕龍，亦可役使鬼神，變化長生。次乃草木諸藥，能治百病，補虛駐顏，斷穀益氣，不能使人不死也，上可數百歲，下即全其所禀而已，不足久賴也」。

「仙有數品」，但依筆者觀察，「昇天」當歸一類，入山與服食不死又爲一類，前者爲天仙，後者爲地仙，但又有不明說爲天仙地仙者，更合古意，神仙傳內容似乎如此。

今將不明言天仙、地仙者舉例如左：

卷六：「焦先者，字孝然，河東人也，年一百七十歲，常食白石，以分與人，熟者如芋食之」。（魏朝時）

卷九：尹軌「常服黃精華，日三合，計年數百歲」。

卷十：「劉京者，本漢文帝時侍郎也，從邯鄲張君學道，受餌雲母朱英方服之，百三十餘歲，視之如三十許人」。

同卷：「靈壽光扶風人也……得朱英丸方，合而服之，……漢獻帝建安元年，光已二百二十歲」。

同卷：「王眞，字叔經，上黨人也，年七十九乃學道，行胎息術，斷穀三十餘年，容少而色美……眞年已四百歲矣。」

卷八：「劉政者，沛人也。……以爲世之榮貴，乃須臾耳，不如學道，可得長生。……治墨子五行記兼服朱英丸，年百八十餘歲，色如童子，能變化隱形，以一人分作百人，百人作千人，千人作萬人。……又能化生美女之形……能忽老忽少，乍大乍小。入水不沾……」。

卷六：「王烈者，字長休，邯鄲人也，常服黃精及鉛，年三百三十八歲，猶有少容，登山歷險，行步如飛。……烈獨至太行山中，忽聞山東崩地，殷殷如雷聲，烈不知何等，往視之，乃見山破石裂數百丈，兩畔皆是青石，石中有一穴，口徑濶尺許，中有青泥流出如髓，烈取泥試丸之，須臾成石，如投熱蠟之狀，隨手堅凝，氣如粳米飯，嚼之亦然。烈合數丸如桃大。……按神仙經云：神山五百年輒開，其中石髓出，得而服之，壽與天相畢，烈前得者必是也」。

本文所錄神仙傳資料，都提說「仙道」、「不死」、「長生」、「衞生」，有的人當時已活到百三十餘歲尚未死，又有已活到一百七十歲、一百八十歲、二百歲、二百二十歲、四百餘歲、五百歲、六百餘歲、甚至二千餘歲尚未死，傳說不承認他們以後的死亡，因爲他們是不死的仙人。傳說以他們「入山仙去」，表示他們不死，這不是行文者對於不死傳說的搪塞話，而是保持着古代不死的傳統觀念。

「仙道」注意學道，「入山修道」，「道」字的基本意思是月亮，（筆者在他處有很多證明）當然說「學道」、「修道」，早已到演變的意義。修身養性，用養生的方法，不要傷害生命，固然是要緊的條件，但還當以神話爲根據，就是「入山」，在山中可以得仙，只依引出的資料，有崑崙山、五嶽、元邱山

（當即山海經所云的貝丘），嵩高山、中岳、霍山、王屋山、紵嶼山、鳥獸山、（云在東海）岱山、華陽山、金華山、渦狄山、林慮山、平都山、地肺山、潛山、鵠鳴山、太行山、崆峒山、這些山岳，頗帶神話意義，特別是崑崙、元邱、紵嶼、崆峒。修仙與山岳有些不欲分開的神話關係，這關係基於月山神話，一部山海經中的山，都有月山的意思，毫無疑義。當然，仙意與寂靜意境相關，山是寂靜之地，但寂靜不是得仙的基本理由，傳說（至少依本文所錄）也沒有以寂靜是必須條件。入山採藥，服食仙藥，固然也有古代依據，（如山海經有不死之草等）但推本求源，並不是眞有不死之藥，不死之藥的神話意義，當來自不死之山，不死之山是月山，月亮不死，死而復生。

所謂不死之藥，（依本文所錄）有神丹、金砂、丹砂、黃金、黃連、紅泉、朮、水銀、霜芡、連屑、天門冬、胡麻、雲母、朱英、竹根、雄黃、松脂、茯苓、黃精華及鉛丹、石髓、白石。這些（所謂）仙藥，有的可以使人昇天仙去，（神話）有的只可使人成爲（所謂）地仙，天仙及地仙都長生不死，但云地仙尙可保持些固有作人的意義。

說「行氣」、「養氣」、「養陽養陰」、「吞陰陽符」、並以「論陰陽之書」可以示人仙方，雖不可爲事實，但離修仙文化的基本意義較近，因爲陰陽總是和月亮有基本關係，雖然後代人已不明白了。「服氣斷穀」，不食人間烟火，是欲免爲俗人的臆度。藥草可以治病，令人活命較長，所以演爲仙藥。無論如何，在事實上，不少古人得到長壽；（雖不能不死）是因爲運用了修仙的方法，如房中之術等。

所謂「失屍」、「屍解」，傳說以「蛇脫」、及「蟬蛻」（蟬未脫叫作復育，蟬皮稱爲優螧）作譬況，這是對的，因爲這種譬況在大洋洲可以尋得不少原始傳說上的根據：以前的人們不死，年老即如蛇脫皮

殷墟白陶片蟬紋

殷商子禀鼎蟬紋

，復爲新人，所以當時的人不死。——這不死觀念是月亮神話，我們不久要對於大洋洲擧出例子來。（專文討論）淮南子說林訓：「蟬飲而不食，三十日而脫」。三十爲月的數字。又「日中無影」的說法，是根據山海經，月亮在白天實在是沒有影子。

大荒西經：「季格生壽麻，壽麻正立無景，疾呼無響」。風俗通云：「眞人無景」。白帖云：「仙人與虛合體，日中無景，故韓終久服丹無景。又丙吉驗老人之子無景，張元始九十七始生子，遂無景。南史稱梁武帝映日無景。又勃鞮之國無翼而飛，日中無景，見拾遺記。淮南曰：建木在都廣，日中無景。又曰：馮□大丙之御也，照日光而無景。侍兒小名錄：「周昭王時，東甌獻二女曰延娟、延娛，步塵無迹，日中無景」（吳注引）

案拾遺記：「東甌獻二女，一名延娟，一名延娛，步塵上無跡，行日中無影。及昭王淪於漢水，二女與王乘舟，夾擁王身，同溺於水，故江漢之人到今思之，立祀於江湄，數十年間，人於江漢之上，猶見王與二女乘舟戲於水際」。

服丹砂變成的黃金可以昇仙，（李少君條）這是根據封禪書爲說，（月如黃金）。仙者「忽老忽少，乍大乍小」，（劉政條）頗有瑞應圖所描寫「龍」的意味，龍以月形爲根據，所以說「昇仙」「駕龍」。

又王烈條引神仙經云：「神山五百年輒開，其中石髓出，得而服之，壽與天地畢」。稱山爲神山，在無意中說的不錯，所以石髓也可以爲仙藥。這裏說與「天地」壽，當指神話中的「天地」（月的天地，即陽陰二面），雖然神仙經作者也不必明白。自古以來，人們對月神宗教神話的種種，有保守秘密的習慣，所以後代的仙方，也說不易得到，當然不死的方法是不易得到的，因爲「不死」不是事實，只是演成的文化，但不少部分人已信以爲眞。

無論如何，仙道文化有宗教上的根據，所以（依上文所錄）有「神丹、神明、拜神、太乙、山官水神」等字樣，山官爲山神別名，神明爲月神，太乙即太一爲道神和上帝混合而成的神，我們已有證明。（拙著中國古代宗敎系統頁九三—九六）只要談仙，似即不易和仙山離開；如果仙山意境不以月山爲基礎，即不能與「不死」意境相連接，月亮不死，最重要的是月神不死，月神不死是基於至上神不死，在神話上又用「月亮不死」將神的不死拱托住了。與造物者遊（莊子）當是修仙的最基本意義。

最後，神仙傳尙有幾條地仙的記述，可以幫助人想起月亮神話來：

卷十「：陳長在紵嶼山上，已六百餘歲，……不飮食，顏色如六十歲人。……紵嶼在東海中，……其山地方圓千里，上有千餘家」。紵嶼爲神話之山。

同卷：「班孟者，不知何許人，或云女子也，能飛行終日，又能坐空虛之中，與人言語。又能入地中，初沒足至腰及胸，漸漸但餘冠幘，良久而盡沒不見。……後服酒餌丹，年四百歲，更少容，入大冶山中仙去」。

同卷：「董子陽少知長生之道，隱槫落山中，九十餘年，但食桃、飮石泉，後逢司馬季主，季主以導仙八方與之，遂度世」。

同卷：「東郭延者，山陽人，服雲母散，能夜書。有數十人，乘虎豹來迎，比鄰盡見之，與親友辭別而去，云詣崑崙山」。卷二載李阿修仙，「被崑崙山召，當去，遂不復還也」。

紵嶼山在東海中，這是一座仙山，因曰「其山地方圓千里」，山有圓的意思，就是山海經員丘一類的仙山。班孟能飛行，又能坐空虛之中，尙有月亮意味。又說他能入地中，越入越下，漸漸不見，（月入地中）。只是食桃飲泉的董子陽，隱居摶落山中，摶落即南洋語言中的 bulan （月），以月爲山。仙桃與世界大樹（月樹）相關，古代有大桃樹的神話。（論衡訂鬼篇引山海經）。東郭延爲修仙走入崑崙山，崑崙是什麼意思，我們早已說明。崑崙山也好像爲神靈，他將李阿召去。

四、結論

神仙傳是晉朝葛洪作的，該書資料不是作者的臆造，也不代表他一人的意見。所謂不死的人在事實上當已都死去了，但古人信念中老有一個不死的觀念，老想怎麼拜神、怎麼修行、服什麼藥，以達到不死的志願。死是爲人類一件不幸的事。不死的志願不是爲度永久痛苦的生活，而是要度快樂的生活，至少是要度比現世更好得多多的生活。

這種希望，在不信仙道者說是妄想，在我們看來也是妄想，但是有宗教文化上的基礎，無風不起浪，波浪是風造成的。只能在月亮不死的神話裏才找到仙道人生觀的所本，但這神話可上溯原始時代；不研究原始資料，即得不到文化演變的所本。

美麗的精神文化，它的所指有時可以是架空的，但文化的本身並非空虛；如果空虛，爲什麼還支配世道人心？所以古代有仙道的文化，這文化的所指雖非事實，但也有所依據。月神宗教和神話很有力量，它好像一塲持久的大風，使海洋起了無數的波浪，仙道文化即是主要波浪的一部分。

當然，神話的發展，也並非與世間人情完全脫節。的確有些生命比較長久的人，善攝生者的確是老而健康，有的藥物的確可以治病，把這些意念與月亮不死神話接合，甚至再與靈魂不死和至上神不死的觀念接合，便可以完成一仙道觀念。中國古代人的聰明，使月亮神話得到了其他民族望塵莫及的驚人發展。

C. de Harlez 法譯神仙傳 Livres des Esprits et des Immortels, Hayez, Brussels 1893 只是譯了，沒有新意見。

附註

（註一）「淮南王安好道術，設厨宰以侯賓客；正月上午，有八老公詣門求見。門吏白王，王使吏自以意難之曰：吾王好長生，先王無駐衰之術，未敢以聞公。知不見，乃更形爲八童子，色如桃花，王便見之，盛禮設樂以享。八公援琴而絃歌曰：明明上天照四海兮，知我好道公來下兮，公將與余生羽毛兮，升騰靑雲蹈梁甫兮，觀見三光遇北斗兮，驅乘風雲使玉女兮。今所謂淮南操是也」。（搜神記卷一）

論衡道虛篇以「淮南王學道」、「擧家升天」。「天之門在西北，升天之人，宜從崑崙上」。

博物誌卷二：「漢淮南王謀反被誅，亦云得道輕擧」。周日用曰：「漢書云，淮南自刑，應不然乎！得道輕擧，非虛事也。至今維楊境內，馬迹猶存；且日與八公同處，皆上品眞人耳。既談道德，肯圖叛逆之事？況恒行陰德，好書鼓，不善弋獵。淮南內書言神仙黃白之術，去反事遠矣。夫古今書傳多黜仙道者，慮帝王公侯廢萬機而慕其道，故隱而不書。唯老聃不可掩，而云二百歲後，西遊流沙，不知所之」。

博物誌卷四：「楊雄又云無仙道，桓譚亦同」。周日用曰：「神仙之道盛矣，非楊雄桓譚之所能知。且秦穆趙鞅，皆見上帝，帝亦由仙乎！既有鬼神，豈无仙界？況神列二傳有驗者非一。余覽唐史，當上皇天寶之際，老聃見者十數」。

（註二）抱朴子極言篇：「安期先生者，賣藥於海邊，瑯琊人傳世見之，計已千年。秦始皇請與語，三日三夜，其言高，其旨遠，博而有證，始皇異之，乃賜之金璧，可直數千萬，安期受而置之於阜鄉亭，以赤玉舄一量爲報，留書曰：復數千載求我於蓬萊山。如此，是爲見始皇時已千歲矣，非爲死也。又始皇剛暴而驚很，最是天下之不應信神仙者，又不中以不然之言，答對之者也。至於問安期以長生之事，安期答之允當，始皇惺悟，信世間之必有仙道，既厚惠遺，又甘心欲學不死之事。但自無明師也，而爲盧敖、徐福輩所欺弄，故不能得耳。向使安期先生言無符據，三日三夜之中足以窮屈，則始皇必將烹煮屠戮，不免鼎俎之禍，其厚惠安可得乎？

或問曰：世有服食藥物，行氣導引，不免死者何也？抱朴子答曰：不得金丹，但服草木之藥，及修小術也，可以延年遲死耳，不得仙也。或但知服草藥，而不知還年之要術，則終無久生之理也。或不曉帶神符行，禁戒思身，神守眞一，則正可令內疾不起，風濕不犯耳。若卒有惡鬼强邪，山精水毒，害之則便死也。或不得入山之法」。

（註三）論衡道虛篇：「如武帝之時，有李少君，以祠灶、辟穀、却老方見上。上尊重之。少君匿其年及所生長，常自謂七十，而使物却老」。（見封禪書）抱朴子論仙篇：「少君有不死之方」。

（註四）「劉根字君安，京兆長安人也。漢武帝時，入嵩山學道，遇異人授以秘訣，遂得仙，能召鬼。潁川太守史祈以爲妖，遣人召根欲戮之。至府語曰：君能使人見鬼，可使形見！不者加戮。根曰：甚易！借府君前筆硯書符，因以叩几。須臾，忽見五六鬼，縛二，囚於祈前，祈熟視，乃父母也。向根叩頭曰：小兒無狀，分當萬死。叱祈曰：汝子孫不能光榮先祖，何得罪神仙，乃累親如此。祈哀驚悲泣，頓首請罪。根默然忽去，不知所之。」（搜神記卷一）

第三章　搜神後記的仙事

晉陶潛撰搜神後記，（似不當因此書中的少數較後資料，即認為非陶潛撰）有蟬蛻、變化、和仙境諸意義，今分述如左：

搜神後記：「會稽剡縣民袁相、根碩二人，獵經深山，重嶺甚多，見一羣山羊六七頭，逐之，經一石橋，甚狹而峻，羊去，根等亦隨，渡向絕崖，崖正赤壁立，名曰赤城，上有水流下，廣狹如匹布，剡人謂之瀑布。羊徑有山穴如門，豁然而過，既入內，甚平敞，草木皆香。有一小屋，二女子住其中，年皆十五六，容色甚美，著青衣，一名瑩珠，一名××，見二人至，忻然云：早望汝來，遂為室家。忽二女出行，云復有得壻者，往慶之，曳履於絕巖上，行琅琅然。二人思歸，潛去歸路，二女追還，已知，乃謂曰：自可去，乃以一腕囊與根等語曰：愼勿開也。於是乃歸，後出行，家人開視其囊，囊如蓮花，一重去，一重復至，蓋中有小青鳥，飛去。根還，知此，悵然而已。後根於田中耕，家依常餉之，見在田中不動，就視，但有殼如蟬蛻也」。蟬蛻和蛇退皮意義，已見上文。

下邊為仙者變化敍述，有老、幼變化，亦有變為禽獸的傳說。「介琰者，不知何許人也，住建安方山，從其師白羊公杜，受元一無為之道，能變化隱形，嘗往來東海，暫過秣陵，與吳主相聞，吳主留琰，乃為琰架宮廟，一日之中，數遣人往問起居。琰或為童子，或為老翁，無所食啗，不受餉遺。吳王欲學其術，琰以吳主多內御，積月不教。吳王怒，勅縛琰，著甲士引弩射之，弩發而縛猶存，不知琰之所之」。（此條見搜神記卷一）變化當根據月形無疑。

搜神後記卷一：「丁令威，本遼東人，學道于靈虛山，後化鶴歸遼，集城門華表柱。時有少年，舉弓欲射之，鶴乃飛，徘徊空中而言曰：有鳥有鳥丁令威，去家千年今始歸，城郭如故人民非，何不學仙冢壘壘。遂高上冲天。今遼東諸丁云：其先世有升仙者，但不知名字耳」。鶴是人變的，所以會說話，此乃神話邏輯。述異記卷上：「以鶴雌雄雙至，各銜明月珠」。

又卷十四：「滎陽縣南百餘里，有蘭巖山，峭拔千丈，常有雙鶴，素羽皦然，日夕偶影翔集。相傳云：昔有夫婦隱此山，數百年化爲雙鶴，不絕往來。忽一旦一鶴爲人所害，其一鶴歲常哀鳴，至今響動巖谷，莫知其年歲也。」雙鶴爲夫婦所化，基於月亮雙性神話。

陶淵明又述人變虎說：「魏時潯陽縣北山中蠻人，有術，能使人化作虎，毛色爪牙，悉如眞虎。鄉人周眕有一奴，使入山伐薪，奴有婦及妹，亦與俱行，既至山，奴語二人云：汝且上高樹，視我所爲。如其言。既而入草，須臾，見一大黃斑虎，從草中出，奮迅吼喚，甚可畏怖，二人大駭。良久，還草中，少時，復還爲人。語二人云：歸家愼勿道。後遂向等輩說之，周尋得知，乃以醇酒飲之，令熟醉，使人解其衣服及身體，事事詳悉，了無他異，唯於髻髮中得一紙，畫作大虎，虎邊有符，周密取錄之。奴既醒，喚問之，見事已露，遂具說本末云：先嘗于蠻中告糴，有蠻師云有此術，乃以三尺布、數升米糈、一赤雄雞、一升酒授得此法」。淮南子俶眞訓：「公牛哀轉病，七日化爲虎」。論衡無形篇：「魯、公牛哀寢疾，七日變而成虎」。月形什麼都可以像似，（見易說卦及山海經）當然也可以像似虎。人的魄和月亮神話有關，（筆者在他文已證明）所以說人可以變爲虎。

後記說：「南陽劉驎之，字子驥，好遊山水，嘗採藥至衡山，深入忘返，見有一澗水，水南有二石囷，一閉一開，水深廣不得渡，欲還失道，遇伐弓人，問徑，僅得還家。或說囷中皆仙方靈藥及諸雜物。驎欲更尋索，不復知處矣」。（卷一）逸士好遊山水。

「晉太元中，武陵人，捕魚爲業，緣溪行，忘路遠近，忽逢桃花，夾岸數百步，中無雜樹，芳華鮮美，落英繽紛，漁人甚異之，（漁人姓黃名道真）復前行，欲窮其林，林盡水源，便得一山，山有小口，彷彿若有光，便捨舟從口入，初極狹，纔通人，復行數十步，豁然開朗，土地曠空，屋舍儼然。有良田、美池、桑竹之屬，阡陌交通，雞犬相聞，男女衣著悉如外人，黃髮垂髫，並怡然自樂。見漁人，大驚，問所從來，具答之，便要還家，爲設酒殺雞作食。村中人聞有此人，咸來問訊。自云先世避秦難，率妻子邑人至此絕境，不復出焉，遂與外隔，問今是何世，乃不知有漢，無論魏晉。……」（後記卷一）人所共讀的「桃花源記」原來當以仙境視之。隱士受仙道影響。

「嵩高山北有大穴，莫測其深，百姓歲時遊觀。晉初嘗有一人，誤墮穴中，同輩冀其儻不死，投食於穴中，墜者得之，尋穴而行，計可十餘日，忽然見明，又有草屋，中有二人對坐圍棊局，下有一杯白飲。墜者告以飢渴，棊者曰：可飲此。遂飲之，氣力十倍。棊者曰：汝欲停此否？墜者不願停。棊者曰：從此西行有天井，其中多蛟龍，但投身入井自當出，若餓取井中物食。墜者如言，半年許，乃出蜀中，歸洛，下問張華。華曰：此仙館，大夫所飲者玉漿也，所食者龍穴石髓也。」（後記卷一）甘泉玉漿爲歷代所傳仙飲。

第四章　博物誌所載仙事

晉張華博物誌內容似乎有些補充山海經的意思，山海經有些長生不死的片段，博物誌也沒有忘記這樣的敘述。

博物誌卷七信有仙說：「潁川陳元方、韓元長，時之通方者。所以並信有仙者，其父時所傳聞。河南密縣有成公其人，出行不知所至。復來還語其家云：我得仙，因與家人辭訣而去，其步漸高，良久，乃沒而不見。至今密縣傳其仙去。二君以信有仙，蓋由此也」。

卷十頗有山海經論仙意味：「崇丘山有鳥，一足一翼一目，相得而飛，名曰亩，見則吉良，乘之壽千歲」。又：「夷海內西北有軒轅之國，在窮山之際，其不壽者八百歲。渚沃之野鸞自舞，民食鳳卵，飲甘露」。甘露、鳳、鸞、和「相得而飛」都是月亮神話。

卷八：「止些山多竹，長千仞，鳳食其實，去九疑萬八千里」。又：「員丘山上有不死樹，食之乃壽；有赤泉，飲之不老；多大蛇，爲人害，不得居也」。員丘山！

卷六：「洞庭君山，帝之二女居之，曰湘夫人。又荊州圖語曰：湘君所遊，故曰君山也。有道，與吳包山潛通，上有美酒數斗，得飲者不死。漢武帝齋七日，遣男女數十人，至君山，得酒欲飲之。東方朔曰：臣識此酒，請視之，因一飲致盡。帝欲殺之，朔乃曰：殺朔若死，此爲不驗；以其有驗，殺亦不死。乃赦之」。

龜蛇也在同樣神話中要角色，所以卷二又說：「人有山行墮深澗者，無出路，飢餓分死，左右見龜蛇甚多，朝暮引頸向東方，人因伏地學之，遂不飢，體殊輕便，能登巖岸，經數年後，竦身舉臂，遂超出澗上，即得還家，顏色悅懌」。

仙和山有不解緣，譬如卷二說：「天門郡有幽山峻谷。谷在上，人有從下經過者，忽然踊出林表，狀如飛仙，遂絕迹。年中如此甚數，遂名此處爲仙谷。有樂道好事者，入此谷中洗沐，以求飛仙，往往得去」。

卷五：「趙襄子率徒十萬，狩於中山，藉艿燔林，扇赫百里。有人從石壁中出，隨煙上下，若無所之經涉者。襄子以爲物，徐察之乃人也。問其奚道而處石，奚道而入火。其人曰：奚物爲火？其人曰：不知也。魏文侯聞之，問於子夏曰：彼何人哉？子夏曰：以商所聞於夫子，和者同於物，物無得而傷閡者，遊金石之間，及蹈於水火皆可也」。頗有莊子至人意味。

有人從石壁中出，也是很古的神話，如啓母化爲石，啓生於石。

博物誌引河圖括地象所說的崑崙，可見本書五九頁。此外，該誌尙有不少好材料，頗可參閱。

第五編　唐宋以來的仙意

第一章　續仙傳中的仙者

唐沈汾續仙傳卷上載藍采和仙者歌曰：「踏踏歌，藍采和，世界能幾何？紅顏一椿樹，流年一擲梭，古人混混去不返，今人紛紛來更多，朝騎鸞鳳到碧落，暮見桑田生白波，長景明暉在空際，金銀宮闕高嵯峨」。采和「忽然輕擧於雲中，擲下靴衫腰帶拍板，冉冉而去」。碧落當即蓬萊（bulan）。鸞鳳、金銀宮闕（月宮）、及長景明暉，皆當爲月亮神話。自元朝以來，俗謂八仙爲漢鍾離、韓湘子、張果老、何仙姑、藍采和、呂洞賓、（臺北縣銀河洞有呂洞賓大塑像）（以上皆唐朝仙人）曹國舅（宋人）、李鐵拐。

卷上：「鄔通微，不知何許人，爲道士，神氣清爽，靜坐默之，或吟或醉，多遊於洪州名山，人見之多年，忽十數年不見，則顏狀益少於當時，如此，識者不測耳。其服鍊丹藥，遊行無定，後於酒樓乘醉飛昇而去」。服丹藥並且飲酒。

卷上：「許碏，自稱高陽人也，少爲進士，累擧不第，晚學道於王屋山，周遊五嶽名山洞府，後從峨嵋山經兩京，復自荆襄汴宋抵江淮茅山、天臺、四明、仙都、委明、武夷、霍、桐、羅浮，無不徧歷，到處皆石崖屋壁，人不及處。題云：許碏自峨嵋山尋偃月子到此。覩筆蹟者矣，莫不歎其神異，竟莫詳偃月子也。後多遊盧江間，嘗醉吟曰：閬苑花前是醉鄉，拚翻王母九霞觴，羣仙拍手嫌輕薄，謫向人間作酒狂。好事者或詰之，曰：我天仙也，方在崑崙就宴失儀見謫。人皆笑之，以爲風狂。後當春景，揷花滿頭，把花作舞，上酒家樓醉歌，昇雲飛去」。閬苑、崑崙、王母，皆月亮神話。許碏周遊許多山。當時的人「莫詳偃月子」，按偃月子即將偃月神仙化了，偃月爲上弦月形，說文段注：「凡仰仆曰偃，引申爲凡仰之稱」。月形仰。

卷上：「謝自然，蜀華陽女眞也，幼而入道，其師以黃老仙經示之，一覽皆如舊讀，再覽誦之不忘，及長，……凡有名山洞府靈蹟之所，無不辛勤歷覽。後聞天臺山道士司馬承禎，居玉霄峰，有道孤高，遂詣焉，師事承禎三年，別居山野，但日採樵，爲承禎執爨而歸，又持香果專切問道，承禎訝其堅苦，曰：我無道德，何以勝此？然爾竟何所欲？自然曰：萬里之外，嚮師得度世之道，故來求受上法以度身，非他求也。承禎以女眞罕傳上法，恐泄慢大道，但唯諾而已。復經逾歲月，自然乃歎曰：明師未錄，無乃命也每登玉霄峰，即見滄海蓬萊，亦應非遠，人間恐無可師者，於是告別承禎，言去遊蓬萊，……俄到一山，見林木花鳥，煙嵐花春，……自然謂曰：豈非仙山也？而海師言，船人可登山，歇泊以候風便，俄而人皆登山散遊，而自然獨遊一處，有道士數人，侍者皆靑衣，有樹，風動如金石聲，花草香，薰人徹骨，綵鳳霜鶴，碧雞五色，……自然（謁道士）曰：蓬萊尋師，求度世去。道士笑曰：蓬萊隔若水，此去三十萬里，非舟檝可行，非飛仙莫到。天臺山司馬承禎，名在丹臺，身居赤城，此乃良師也，可以迴去。……自然欣然，復往天臺，具言其實，以告承禎，並謝前過。承禎曰：俟擇日昇壇以度，於是傳授上淸法，後却歸蜀，止貞元年，白日上昇而去。節度使韋臯奏之」。按卷下以司馬承禎「有服餌之術」，主張「損之又損，以至於無爲」。蓬萊爲仙山，但在天空，所以「非飛仙莫到」。「服餌」及「無爲」認爲是昇仙條件。

卷上：「戚氏道名逍遙，冀州南宮人也，（女仙）……與衆仙俱在雲中」。逍遙遊於雲中。

卷中：「劉商，彭城人也，家於長安，……得九粒藥，如麻粟大，依道士口訣吞之，頓覺神爽，不飢，身輕，……居隱於山中，近樵者猶有見之，我劉郎中也，而莫知其所止，已爲地仙矣」。有天仙又有地仙。

卷中：「徐釣者，不知其名，自稱東海蓬萊鄉人也，……每自吟曰：曾見秦皇架石橋，海神忙迫漲驚潮，蓬萊隔海雖難到，直上三清却不遙。……其藥如麻粟大，不許人服食，唯以酒研塗心腹間，其疾便愈，無不神驗。人有問之，藥可服食否，曰：可，祗是入口便憎飯去。好道者服其藥一粒，十年絕食，而常須飲酒喫水暢之，顏益紅白，齒髮不衰。得其藥者甚多，壽皆八九十」。欲到蓬萊須「直上三清」。飲酒喫水所以暢藥。

續仙傳材料不少，我們只錄了幾條，仙與山有密切關係，有蓬萊、崑崙。有飛昇及地仙，但飛昇者較多。除服食仙藥外，又注重仙經道意。又有尋求偃月子者，這是月亮神話的說法尙偶然殘存，尋求者定已不明白那種神話。

續仙傳的描述，有一個特色，即以仙者皆有飲酒的習慣，卷上玄眞子「飲酒三斗不醉，守眞養氣，臥雪不冷，入水不濡」。藍采和「常醉踏歌」。鄔通微「服鍊丹藥，遊行無定，後於酒樓乘醉飛昇而去」。許碏「上酒家樓醉歌昇雲飛去」。宋玄白「遊括蒼仙都，辟穀養氣，然嗜酒，或食炰肉必五斤」。賣藥翁「常醉於城市」。

卷中張果（亦稱張果老，俗傳八仙之一）云：「（自稱）堯時爲侍中，善於胎息，累日不食，時進美酒及三黃元，玄宗留之內殿，賜之酒」。許宣平獨吟曰：「負薪朝出賣沽酒，日西歸路人，莫問歸何處」。又劉商條：「道士仍賣藥，見商愈喜，復挈上酒樓，劇談歡醉」。羅萬象「常餌黃精，服氣數十年，……及入福廣城市，賣藥飲酒」。王可交條，道士與可交「酒喫」。李昇條：「以詩酒延留」李昇。徐釣者「博酒與人吟話」。

卷下曹德休「常謂人曰：就德休求符藥，以江魚爲鱠一盤，並美酒一壼」。殷文祥：「而嘗醉於城市間」。譚峭「得辟穀養氣之術，唯以酒爲樂」。杜昇「常飲酒三斗不醉」。羊愔「與緇雲觀道士數人，花時飲酒」。

爲什麼仙者飲酒？飲酒似乎與仙意不合！按續仙傳爲唐朝的書，當時仙者的飲酒可能分爲三種理由：一、求仙者對喫噓放寬，所以也大吃鹿肉。二、食藥後「須飲酒喫水暢之」（如徐釣條）。三、將仙藥加入酒中，譬如，宜君王老條：「道士謂王老曰：此酒可飲，能令人飛上天。（加藥之酒）王老信之。初，瓮酒五斛餘，及窺存三二升耳，清冷香美，異於常醪，其時方持麥，王老與妻子並持麥，人共飲皆大醉，道士亦飲，云可上天否？王老曰：願隨師所適，於是祥風忽起，綵雲如蒸，屋舍草樹、全家人物雞犬，一時飛去空中，猶聞打麥聲，數村人共觀望驚歎，惟貓鼠棄而不去，風定，其傭力持麥人，乃遺在別村樹下，後亦不食，皆得長生。宜君縣西三十里有昇仙村在焉」。

第二章　疑仙傳中的仙者

疑仙傳（隱夫玉簡撰）卷上：「明皇時李元者，常遊華山下，唯採諸藥食之，性復好酒，山下人多以酒飲之。忽一日，騎一白鹿，擧手謂山下人曰：我今去遊天臺。有老父三人遮道欲留之，乃問之曰：君方與山下之人相親，又何遽別？元曰：老父輩殊不知，相親必離也，我今不敢背時而固離耳。老父曰：君方食華山之藥，又遊天臺何所食也？元曰：我在華山即食華山之藥，在天臺即食天臺之藥也。老父知不可留，遂命之藉草，酌以濃醪以叙別。元臨歧，而留藥三丸與老父三人，謂曰：當速食之。乃上白鹿而去。尋不知所之。後二老父即食其藥，一老父不食之，經數月果死，其二老父後皆一百五十歲方卒，故人皆疑李元是仙矣」。仍是入山、採藥，吃藥那一套。

卷下：「何寧者，西蜀富人之子也，少好道，棄家遠訪天臺山，學道十餘年，復來，家人問曰：學得道邪？何復來邪？寧曰：我自入天臺山方悟道，故不學而得之。家人曰：道可悟邪？寧曰：道不可學，我今知之；道止在悟，我今亦知之矣。道本在人之性也，人之性有道即終得道，人之性無道即終不得道，我性有道固得之也。既復在家，唯食鮮果飲酒焉。其後每至木葉落，塞鴈來，風悲日慘，即歎曰：人間須有此時以傷悽人也，乃策杖而去。及其春至景和，紅花綠葉，堆林積叢，即又復來。後因鄰人有死者，聞哭之哀，以問家人，家人白之寧，遽起，於杖頭取一藥囊，出一丸丹，急使家人，令納在死者口中，鄰人死者得藥，尋復蘇。寧乃辭家人曰：我今復遊天臺不來矣，爾各當自愛，又出囊中藥，普與家人，謂之曰：且可百歲。既去，人有郊野見之，乘一虎去者，果不復還，得藥者後皆及百歲焉」。

天臺山自古迄今爲名山，「高達一萬八千餘尺，羣山連接，神秀壯麗，勝景之多，擧世罕有其匹，山上花木繁盛，尤富高貴之藥材」。（丁丁：人間樂土話天臺，新生副刊五十一年一月三日）

何寧說：「道不可學」「道本在人之性也，人之性有道即終得道，人之性無道即終不得道」。有些命定論意味，與神仙無種的論調恰恰相反，這種命定論至晚在漢朝已有了，漢武帝內傳以帝不得仙，因其「胎性暴，胎性奢，胎性淫，胎性酷，胎性賊」。晉稽康養生論：「夫神僊雖不目見，然記籍所載，前史所傳，較而論之，其有必矣，似特受異氣，稟之自然，非積學而能致也」。疑仙傳卷上葛用條也說：「至於自古白日昇清天者，又豈闕讀道書授法籙也？（與古傳反對）夫神仙之道本、必在自然之神性，亦在自然之骨氣，故昔西王母言漢武非仙骨而神慢也」。命定論的不對處，是抹煞人的自由。列子有力命論可作參考。

疑仙傳尙有不少求仙之人，我們只再錄景仲條：「景仲者鄭人也，幼好道，但遊諸山以採藥服之，未嘗寧處。後過陝州，欲西訪藥焉。有一老父問之曰：君何遊也？仲曰：我平生好服餌神仙之藥，常遊名山以採藥，今亦欲西訪藥也。老父曰：君不知神仙之藥在十洲也？非人間之山內有之也，奚訪之？仲曰：老父自不知，古昔有餌朮餌黃精而得道者，朮與黃精豈自十洲採得也？夫人間諸山之內，神仙之藥無限，但人自不識，復又不能一其志而服之。且十洲之地爭如中華也，中華在天地之中，有天地中正之氣，故萬物華而人不蠻夷，中華之人得道，世世有之，且不聞蠻夷世世有得道之人也。足以知十洲之事，是漢武之時人妄說也，又何信哉？我誓於中華諸山內採藥餌之耳……」。

十洲爲漢朝演出的仙洲，在神話中成了令人不死之地。東方朔十洲記：「祖洲……有不死之草……服之令人生」。瀛洲有「玉醴泉，飲之數升輒醉，令人長生」。玄洲「有太玄都，仙伯眞公所治」。炎洲「亦多仙家」，長洲「有仙草靈藥，甘液玉英，靡所不有。又有風山，山恆震聲，有紫府宮，天眞仙女遊於此地」。元洲「有五芝玄澗，澗水如蜜漿，飲之長生，與天地相畢。服此五芝，亦得長生不死，亦多仙家」。流洲「亦饒仙家」。生洲「有仙家數萬，天氣安和，芝草常生」。鳳麟洲「有山川池澤及神藥百種，亦多仙家」。聚窟洲「多眞仙靈官，宮第比門不可勝數」。並有「反生香」及「更生之神丸」。此外，尙有「方丈洲，……羣仙不欲昇天者，皆往來此洲」。蓬萊山，「唯飛仙有能到其處耳」。

第三章　異苑與稽神錄

宋劉敬叔撰異苑卷一：「衡陽山、九嶷山，皆有舜廟，每太守修理，祀祭潔敬，則聞絃歌之聲。漢章帝時，零陵文學奚景，於冷道縣祠下得笙、白玉管，舜時西王母獻」。卷五「陳思王遊山，忽聞空裏誦經聲，淸遠遒亮，解音者則而寫之，爲神仙聲，道士效之，作步虛聲也」。

又卷一：「會稽天臺山，雖非遐遠，自非卒生忘形，則不能躋也」。又：「釣磯山者，陶侃嘗釣於此山下，水中得一織梭，還掛壁上。有頃雷雨，梭變成赤龍，從空而去。其山石上猶有侃迹存焉」。卷三：「晉太元中，汝南人，入山伐竹，見一竹中蛇形已成，上枝葉如故。又吳郡桐廬人，常伐餘遺竹，見一竹竿，雉頭頸盡就，身猶未變，此亦竹爲蛇，蛇爲雉也」。

卷五：「東陽徐公居在長山下，常登嶺，見二人，坐於山崖，對飲，公索之，二人乃與一小杯，公飲之，遂醉，後常不食」。

「郭慶之，有家生婢名採薇，年少有美色。宋孝建年中，忽有一人，自稱山靈，如人裸身，身形長丈餘，胸臂皆有黃色，膚貌端潔，言音周至，呼為黃父鬼，來通此婢。婢云：意事如人，鬼遂數來，常隱其身，時或露形，形變無常，乍大乍小，或似煙氣，或為石，或為小鬼，或為婦人，或如鳥獸足跡，或如人，長二尺許」。（異苑卷六）

「西域苟夷國山，上有石駱駝，腹下出水。以金鐵及手承取，即便對過。唯瓠蘆盛之者，則得飲之，令人身體香淨而昇仙，其國神秘，不可數遇」。（異苑卷二）

統觀異苑所述，多含古意。（今誤以劉宋為趙宋）

宋徐鉉稽神錄卷五：「陳金者，少為軍士，隸江西節度使劉信，圍虔州，金私與其徒五人發一大塚，開棺，見白鬚老人，面如生，通身白羅衣，衣皆如新。開棺時，即有白氣衝天，墓中有非常香馥。金獨視棺蓋上有物如粉微，作硫黃氣。金素聞棺中硫黃為藥成仙，即以衣襟掬取懷歸。墓中無他珍寶，即共掩之而出。既至營中，營中人皆驚云：今日那得香氣？金知硫黃之異，且輒汲水，浸食至盡，城平，入舍僧寺，偶與寺僧言之，僧曰：此城中富人之遠祖也，子孫相傳其祖好道，有異人教餌硫黃，云數盡當死，死後三百年墓開，當即解化之期也。今正三百年矣。即相與復視之，棺中空，惟衣裳尚存　如蟬蛻之狀。金自是無病，今為清海軍小將，年七十餘矣，形體枯瘦，輕便如故」。仙道有益於衛生。

又稽神錄拾遺：「張武者，始為廬中一鎮副將　頗以拯濟行旅為事。嘗有老僧過其所，武謂之曰：師年老，前店尚遠，今夕止吾廬中可乎？僧忻然。其鎮將聞之怒曰：今南北交戰，間諜如林，知此僧為何人而敢留之也？僧乃求去。武曰：吾已留師，行又日晚，但宿無苦也。武家中惟有一牀，即以牽其僧，已即席地而寢，盥濯之備，皆自具焉。夜數起視之，至五更，僧乃起而歎息，謂武曰：少年能如是耶！吾有藥，贈子十丸，每正旦呑一丸，可延十年之壽，善自愛珍重，而去，出門忽不見。武今爲常州團練副使，有識者計其年，已百歲，常自稱七十，輕健如故」。修善事與得道有關。

第四章　臺北市保安宮所敬仙人

中國歷代談仙的書很多，除本書援引者外，尙有不可勝數的資料，宋朝有曾慥集仙傳，李昉太平廣記，太平御覽中也有仙者資料。明朝薛大訓有神仙通鑑，清朝張繼宗有歷代神仙通鑑，（當然道藏中充滿了神仙資料）。

J. Nieuhovius 述及中國的仙道不死觀念說：

"Duo imprimis vesaniae genera, non Europaeos minus, quam Sinenses occuparunt, ars conficiendi argentum, et immortalitatis poculum (p44) ………… Divitum alius furor, qui longissimam vitam et immortalitatem affectant, praesertim Pekingae Eunuchi; et ipsi Reges, neque desunt Magistri immortalitatis, et quanquam in dies ipsi Doctores tantae sanitatis moriantur, durat tamen insania apud stolidos, et credunt intra naturae potestatem hanc scientiam sanitatis longaevae cludi…… Sed malum tam altas radices egit, ut hodieque extirpari nequeat, suavissimo delirio ipsa humana stultitia immortalitatis avida applaudente" (J. Nieuhovius, Legatio Batavica, Pars ultima, p44-45)

民國以來，仙道的宗教文化，尙藉道敎維持，今只擧臺北市保安宮所敬的仙人略談一下。保安宮出版了兩本書，一名「保生大帝吳眞人傳」，一名「大道眞人大道眞經」，都爲介紹吳眞人傳說。我們可以將二書資料介紹些，把這些資料的意指也歸到本書的一貫解釋中。

吳眞人傳：「大帝吳姓，諱本，字華基，別號雲東，閩中泉郡同邑積善里之白礁鄕人也。（生於宋太宗太平興國四年）……大帝早具道性，資格不凡……年十七，遊名山，遇異人泛槎江上，邀帝同往，帝欣然登舟，聽其所之，忽見高峯亭峙，風景異常，乃崑崙也。帝攝衣陟絕頂，見西王母，留宿七日，授以神方濟世驅魔逐邪之術，歸倏然至家，遂覺悟修眞。帝奉親孝，與士信，臨財廉，取與義，不茹葷，不納室，由貢擧授御史，旋退隱於漳澄邑之大雁東山，獨契太上玄機妙道，深明三五飛步之法，故修身養性，以贊廸元功。……景祐三年丙子（仁宗改元年號）五月初二日，大帝偕聖父、聖母、聖妹吳明媽、妹夫王舍人自白礁白日飛昇，鷄犬皆從，壽五十有八歲，遠近鄕人，睇矚相望，莫不列香案而叩送」。

吳眞人傳載吳眞人生前或仙去後，爲民衆作了許多好事，玆不贅。

又大道眞經：「聖父諱通協，聖母黃氏，夢呑白龜而孕」。「聖母恍見北斗星君，送一童子至寢前曰：此紫微也，俄而大帝降生，慶雲覆室，滿地妙香」。「景祐三年五月二日，帝行功圓滿，白日昇天」。

該書又載內閣中書蘇讚曰：「乾坤二氣，一陰一陽，包含萬象，變化無窮，兩儀太極，奇偶相同，六合之外，一身之中，絪縕交感，錯綜互通，混沌既開，大化流行，天一地二，下濁上清，福建泉郡，礁分白青，積善之源，河嶽鍾靈，大宗太宗，歲次己卯，三月丙辰，白龜兆瑞，大帝降生，慶雲覆室，三臺列精，妙香滿地，仙藥吹笙，天生賢聖，睿智高明……漳泉苦旱，民不聊生，渴望雲霓，菜色鵠形，仙舟運米，普濟蒼生，驅雷祛疫，掃盡災星，帝力呵護，兩郡安寧，塵緣五八，化鶴飛昇，聖父聖母，天界同登，匡救明主，大顯聖靈，造宮報德，俎豆香馨」。

母夢白龜（月神話）生了他。乾坤、陰陽、太極、混沌又都是月神宗教的名詞。吳眞人具道性，遊名山，到崑崙，見西王母，又都是月亮神話的說法。自崑崙歸來後，又修眞德，至大雁東山，與玄道相契。終於化鶴飛昇，成了天仙。

關於吳眞人的傳說，仍然是對於古代仙人描寫的那一套思想。又有以保生大帝為孫思邈或吳猛的。

茲將中國祠廟宮觀建築附帶幾句話。

傅勤家中國道教史（商務，民二十六年初版）頁二三八說：「至於宮觀之形式，亦有得而言者。大凡我國之建築，自帝王宮殿、祠廟、佛寺、道觀，以至官署、居宅，規模雖有大小，形式殆用一律」。

保生大帝誕辰，大同區居民呷酒演戲

【新生報訊】昨日農曆三月十四日，係本市大龍峒保安宮保生大帝誕辰，也就是大同區一帶居民一年

一度的大拜拜；位於本市哈密街的保安宮裏，昨天曾舉行盛大祭典，並在該宮門前廣場演戲酬神，而往焚香膜拜，或備牲醴致祭之善男信女們，終日絡繹不絕。該區民間藝術團體（包括舞獅及各陣頭）亦於下午二時起跟隨保生大帝聖像遊行境內，沿途所經之處，人山人海，鑼鼓喧天，情況相當熱鬧。（上爲保安宮中殿，見吳眞人傳）

入晚以後，該區一帶居民均紛紛設宴請客，而從外區及其他縣市前去吃拜拜酒的人士頗多。警方爲維持交通秩序，及預防意外事件發生，昨天曾加派員警至該區各處加强巡邏，但幸一般秩序均甚良好，尙無重大事故發生。至於推行節約的情形，由於市府方面事前勸導戒除浪費，頗見收效，一般住戶已不像往年那樣過份舖張了。

按：本市保安宮係創建於遜清乾隆七年間，迄今已有二百二十餘年的歷史，宮內新祀之保生大帝聖像三尊，當年在乾隆年間，均從福建泉州府同安縣白礁鄉祖廟所迎運來臺的。平日香火鼎盛，歷久不衰，爲本市古刹之一，地方居民對於保生大帝至爲崇敬，每遇疑難問題，常至神前

求籤問卜，相傳頗爲靈驗。（臺灣新生報民五十一年陽四月十九日）

道教建築名稱宮觀，如北平九天宮、白雲觀，但也稱廟，如北平琉璃廠呂祖廟，北方多有三官廟，眞武廟。依筆者的意見，宮觀等建築形式，當都以廟爲根據。凌純聲教授以爲太平洋區語言的 maerae, mae'ae「與中國的廟（社）不僅其音相似，且同是太平洋區原始宗教祭神鬼地祇和人聖地」。（見所著中國祖廟的起源，中央研究院民族學研究所集刊第七期，民四十八年春，頁一四九）

A. Baessler 著 Marae und Ahu auf den Gesellschafts-Inseln 一文，（載 Internationales Archiv für Ethnographie, Leide, 1897, pp. 245-260）以 marae 是一個地方，周圍有墻，高數尺；圍墻內有幾座小房，裏邊供奉神像。marae 是拜神的地方。（頁二四六—七）各處有 marae, 每一個頭目都有 marae，每家有 marae，中有祖先牌位；但規模大的 marae 也不多。（頁二四八），

Rajatea 島上的 marae 叫作 Taputapuatea（atea 光明的，tapu 神聖的），最爲著名。在 Tahiti 島的 marae 也很有名，有一座 Oro 神廟宇，前來敬拜者最多，有時向 Oro 神獻人祭。（頁二五〇）

按 marae, mae'ae 的確等於中國的廟，字音亦似。在裏邊敬神或祖先。marae 與光明的意思相連，Oro 的確爲月神，（Oro 一語自大洋洲至非洲皆指月亮或月神，連剛果的矮人也有此神話）。

Marae 一字也當與 Oro 一字相關，P. Schebesta 教授以爲非洲矮人神話中的（m）uri 等於該族神話的 Oro 。那麼，我們也可以說（m）arae（maerae）等於 Oro ，也等於 uru, ulu, （b）ulan（皆爲南洋語，意爲月）。艮卦（月形）爲闍寺（說卦）。明堂即上帝之廟。（隋書禮志）

廟宇的原始根據是月亮，廟式的建築是在月神宗教文化中興起的。宮觀也都取廟的建築式，所以保安宮（以及一切祠廟宮觀）頂的建築作偃月式。自古以來，偃月表示吉祥。下邊再附上幾句話。

【新生報苗栗訊】本縣獅潭鄉發現「仙水」，傳說能醫百病怪疾，各地鄉民紛紛前往吸取「仙水」者，終日絡繹于途，警方特于昨（十八）日派人前往調查處理中。

本縣獅潭鄉永興村一鄰三〇號居民劉接枝（男，四七歲，業農）在數天前，他在其住屋旁邊開墾荒地，一鋤挖下，挖出了一座觀音佛像，繼而泉水湧出，劉接枝就如獲至寶，附近居民聞訊，紛紛前往圍觀，大家都說這是觀音菩薩下凡，帶給人間的「仙水」，劉接枝就設起香案，供人參拜，消息傳出，各地善男信女，紛紛前往參拜，並說該項「仙水」能醫百病怪疾，傳說某人吃了農藥，生命垂危，但吸了該項「仙水」之後，立即無恙，這樣一傳十，十傳百，現在傳遍了各地，每日前往吸取「仙水」者近千人，劉接枝每天收的香火錢，聽說爲數可觀，「仙水」眞假如何，警方昨天已派人前往現地處理中。（五十一年六月十九新生報第四版）。

見得中國人的仙意至今未歇，古代月神宗教的勢力不爲小吧！觀音與閻羅王相關，論者以爲她就是閻羅王的女性化。按閻羅王爲雙王，即兄妹兩人爲王，兄妹神話是月亮神話。觀音是閻羅的 Shakti —又臺北市夏天街頭，有一種冷飲，叫作仙草涼，分黑色、白色，前者用一種野生的仙人草做成，後者則用薜荔籽做成。

第六編　資料對證與解釋

第一章　從原始資料談不死觀念

我們從中國書中，屢次看見蛇蛻、蟬蛻、和尸解字樣，這是描寫仙人不死所取的語式，爲表示返老還童的意思。

不死的觀念，不但統御了中國古代的人心，還在大部分原始民族中形成信仰的對象。人類文化多有傳播關係，所以中國的仙道觀念是以原始文化爲出發點，後來發揚光大了。

人在死後尙有人格存在，這幾乎是一切民族的信仰。大家都相信除非有巫者作祟，人即永久不死；原始人不相信人老即死，人是自然不死的。

許多原始民族，都相信至上神起始生活在人世間，他的善意欲給人一切好處，爲人免除一切災害，特別是免除疾病死亡。很原始的諸民族都相信當時至上神的本意是不欲人死。

人類將不死的幸福因犯罪失掉了，至上神也離開人間上天去了。

J. G. Frazer, The Belief in Immortality I London 1913，以爲死亡起源的神話可分四個類型，㈠兩個傳消息的類型，㈡漸長和漸消月形的類型，㈢蛇脫皮的類型，㈣香蕉樹的類型。

一、傳消息的類型

兩個傳消息的類型在非洲頗為廣傳，譬如，祖祿 Zulu 人說：起始時，Unkulunkulu 神派一「變色的蜥蜴」給人類報消息說：「變色的蜥蜴，您去給人們說，使人們可以不死」。變色的蜥蜴聞命啓程，但它爬的很慢，又到樹上去晒太陽，幾乎睡着了。這時候，Unkulunkulu 神又改了主意，使另一蜥蜴向人們報信說：蜥蜴，您到人間，可以說叫人們都要死」。這個蜥蜴爬的很快，比「變色的蜥蜴」早到人間，報告人們以神叫人死亡的消息。——於是死亡來到人間，人人要死。（除 Zulu人外，尚有不少其他部族有此神話）

又非洲東部有 Akamba 部族，有神話說：古時，神命「變色蜥蜴」和一個畫眉鳥，去探視那些可以死而復生的人們（死後次日復生）。他們即前去，發現有些人躺着，儼然是死了。蜥蜴即召喚死者，使他們復生。畫眉鳥不相信死者能復生。死者們應蜥蜴召喚，已睜眼欲活了。畫眉鳥粗暴的向他們說：「你們是死人，還是當死人吧！」說罷，畫眉鳥即飛去。蜥蜴向死屍們講說，是神派它來叫他們復生，使他們不要聽從畫眉鳥的謊言。——但是，死屍們固執不悟，不聽蜥蜴的勸告，所以都躺臥不動。——於是蜥蜴將這情景，回報給神。——神遂審問畫眉鳥，鳥說：「蜥蜴扭歪了神的消息，我不得不向他打攪」。神遂相信了畫眉鳥的話，罰了那「變色蜥蜴」，使它行走的很慢。使畫眉鳥得了好職位：每天早晨喚人起睡。

二、消長月形的類型

非洲的 Hottentots 人說：有一次，月亮使兎子去向人們說：「我是死而復生的，同樣，您們也要死而復生」。所以兎子即向人們去作報告，但它（或因忘記或因出於惡意）將消息傳錯了，因為它說：「我死後不復生，同樣，您們也在死後不復生」。月亮發見兎子把消息傳錯，遂擲棍向兎子打去，將兎唇打裂了。兎子因之將月面抓傷。Hottentos 至今尚不愛兎子，因它把死亡帶來人間了。該部族又說一昆蟲欲將月亮不死的消息傳給人類，一隻兎子代爲訛傳，報告人們要死亡。

東非的 Masai 人說：從前有一位神叫作 Naiteru-kop，向一個人（名叫 Le-eyo）說：一個孩子死了，要將死屍拋去並且說：「人死再來，月死不再來」。隨後即有一孩子死了（不是 Le-eyo 的孩子）。Le-eyo 將死屍擲去說：「人死不再來，月死再來」。以後 Le-eyo 的孩子死了，他擲死屍時說：「人死再來，月死不再來」。但是神向他說：「現在說這話沒有用處了，因爲您使別的孩子不再來」。因此，直到今天，人死不再來，而月死還再來。

東非的 Nandi 人神話：古初的人們聽見一隻狗說：「一切的人要像月亮死去，但是，如果人給我吃葫蘆中的奶、喝草稭濾的啤酒，即能在死後第三天復生」。人們覺得狗言可笑，乃用便器給牠奶、酒嗑。狗見人以便器飲之，很不高興，忍氣吞聲的嗑了奶、酒，然後說：「一切人都要死，只有月亮可以復生」。所以人們死而不復生了，月亮消失後三天再來。

大洋洲的 Fijians 人神話：從前有一個時期，月亮主張人們應當和他（月亮）一樣，到老年即消失不見，以後又出現，同樣，人老了也應當消失一時，然後復生。有一老鼠聞此消息乃反對說：「人們當和老鼠們一樣該死」。（據說那個老鼠也是一種神），於是人們也有了死亡。

在 Caroline 羣島有神話說：古代的人們不死，所謂死亡只是一種短時的昏睡。當時在月亮入晦朔了，人們即死；到新月一出現，人們即又復生，好似略略昏睡了一下。但有一惡鬼設法害人，使人不得復生了。

澳洲東南部的 Wotjobaluk 人說：當一切的獸類尙爲人類時，（爲男人及女人），有的死亡了，月亮即向他們說：「您們可以再起來，他們遂即復生。但是，有一次，一個老人說：讓死者永久死去吧」。自此以後，無人再復生了，只有月亮死而復生，以迄於今。

越南及柬埔寨的 Chams 人，以爲昔有幸運女神者，人們剛死，她即使之復生。後來有一天神，不願她（女神）常破壞自然律，遂把她調到月亮去，使她不再作使人復生的事。

上述神話，以人類不死與月亮相關，這是原始時代的人生哲學；原始人看見月形變換的虧盈諸現象，遂生出一個觀念來：人能像似月亮不死才好，或能像月亮死生輪轉，（an endless cycle of death and resurrection 注意：先說死，後說生，與莊子語氣一樣）死後三天復生才好哩。澳洲中部有 Unmatjera 及 Kaitish 二部族，也相信人在死後三天復生。據說一次有人將死者踢入海中，此後，人即不復生了。三天後復生定以月入晦朔三天復生爲依據，月亮不死，視爲人類不死的象徵，又有許多原始部族在新月出時即作祭拜，爲使生命得到新的力量。譬如，美國加州的青年印第安人，在新月出現時，結隊周遊，老年人們圍圈跳舞說：「月亮死而復生，我們也要死而復生」。非洲剛果的黑種人，每在新月出時則鼓掌歡呼，有時也跪下說：「您（月）復新了，我也可以度新生命」。

三、蛇脫皮的類型

有些原始部族，以爲蛇和蜥蜴等脫皮後可以度新生命，所以總不會死，因此，人們聯想到，如果人會脫皮，也可以如蛇類不死。梅拉尼西亞人（在新不列顛者）說：**To Kabinana** 是好神，撫愛世人，欲使他們不死；他厭惡蛇們，頗欲殺之。遂叫他的弟弟名 To Karvuvu 者向人們說：「您可以去人們那裏，報給他們不死的秘密；並使他們每年脫皮一次，這樣，他們即可以不死，常度新生命。但要通知蛇們要死」。但是，**To Karvuvu** 沒有盡好所負的使命，因爲他使人們死亡，把不死的秘密告訴蛇們了。所以一切的人都有死，而蛇們脫皮不死了。

越南人有一神話：玉皇（Ngoc hoang）從天上派使來向人們說：「人老脫皮，即可不死，蛇老該死，裝入棺內」。這幾句話不幸被蛇們聽見了，它們向使者生氣發瘋，強迫他說人死而蛇不死，不然，即要咬傷他們。使者不得不從蛇命。所人們死亡，蛇因脫皮遂不死亡。

蘇門答臘附近的 Niss 島有一傳說，以爲神在創造土地時，派遣某使者從天降來，爲幫助創造工作的最後完成。但他（使者）必須一個月工夫斷食；因爲不能抵抗饑餓的痛苦，便吃了些香蕉，這是死亡災禍的源起。假設他只吃了蟹，人類可以如蟹脫皮，永久不死。

Arawaks（在 British Guiana）人說：從前創造神自天上來到人間作視察。當時的人們很壞惡，圖謀把神殺掉。因此神怒了，向人們奪取永生的權利，把這權利送給了蛇和蜥蜴。

大洋洲土人（譬如，在 Banks'Islands 及 New Hebrides）以爲在起始時人們不死，只如蛇、蟹脫皮，即重返幼年。但這不死的幸福被一老嫗失掉了。她當時老了，到河邊脫去身上的舊皮，擲於水中，回家時，年靑健美，她的小兒不認識她了，否認她是媽媽。她不得已，乃回去從水中撈出舊皮來穿上。自此以後，當地的人們不再脫皮，因此也開始死亡。

四、香蕉樹的類型

在Celebes中部的土人說：起始時，天離地很近，創造神當時在天上，有時從上邊用繩爲人類送下好禮物來。有一次，用繩送下一塊石頭。人們不願接受石頭，乃向創造神說：「我們要石頭作什麼?給我們些別的東西吧」。神將石頭提上去，給人送下香蕉來。人們將香蕉取去，立刻聽得有聲音從天上說：「您們選取了香蕉，您們的生命也要像香蕉。香蕉老了即死，您們及您們的後代也要死去。假使您們選取了石頭，您們的生命也像似石頭不死」。所以吃香蕉使死亡來到人間。

馬來半島的樹林中，有原始部族名曰 Mentras ，該族說：古代的人們不死，只是在月虧時即變爲細瘦的，在月長時又變爲粗肥的。In the early days of the world men did not die, but only grew thin at the waning of the moon and then waxed fat again as she waxed to the full. 後來有人怕人口太多，希望人們和香蕉樹一樣死去。當時冥界的神也欲人死亡，於是人們不能像似月亮轉爲新人了。

Frazer 說：以上的神話中，有月亮類型，蛇的類型，及香蕉類型，都是原始哲學的產品，月的消長以及蛇的脫皮是有興味的象徵，香蕉是死亡象徵，令人讀之黯然。Products of a primitive philosophy which sees a cheerful emblem of immortality in the waxing and waning moon and in the cast skins of serpents, but a sad emblem of mortality in the banana-tree, which perishes as soon as it has produced its fruit. (以上資料見Frazer, 59-86)

我們以爲「兩個傳消息者」的神話類型，以及蛇和香蕉類型，也俱屬於月亮神話，可見下文。

五、資料印證

現在尚有其他資料，可與上述 Frazer 資料印證一下。澳洲 Daramulun 神話可以解說不死觀念，月亮死後三天又出來，再度新生命。(Ursp. d.Gott. I 453)

在 Yuin 部族（在澳洲）的成年禮中，蛇要重要角色，在 Kamilaroi 人的成年禮，蜥蜴也要重要角色。成年禮表示復生。(ibid 465)

又澳洲的 Euahlayi 人以蛇和蜥蜴爲月亮的象徵，該族人稱蛇爲 Bahloo ，此句話意爲月亮。神話以 Bahloo 爲三條蛇，一爲光蛇，一爲暗蛇，一爲斑蛇。(K. L. Parker, Australian Legendary Tales, P. 8-10)

蛇與蜥蜴同爲月亮象徵的資料，又可見於 Parker, More Austr. Leg. Tales, p. 61 ……，也相信是月象(Graebner, Globus XCVI, p.365, 377) 這是 Yuin, Kamilaroi, Wiradjuri, Loritja及Aranda諸部族的共同意見。

E. Sapir, Yana Texts, (University of California Publications of American Archaeology and Ethnology Ix, 1910, p. 83……91………) 當時的印第安人繁殖的很多了，但他們老而不死。當時 Coyote 神向三個人(一爲蜥蜴，一爲兎子，一爲柞鼠)說：「我們使人們死去吧！」兎和柞鼠默然不作聲，而蜥蜴答說：「人們可以死去，但又當復生才好；人們可以把死者埋葬，但不要埋的太深」。 Coyote

反對說：「人們該當死去」。

當時在下雪，世界的一切都變為白色。蜥蜴當時即使一人生病死了。外邊是雪，不使出去，遂把死者葬於房內。（葬的不深）須臾之間，墳上的土動起來，死者即將復生，思走出墳來。此時 Coyote（時常在觀望一切）快到墳間，將該人推進墳去，在墳周踏踏土，然後高聲說：「您為什麼再想復生？死吧！死吧！」於是該人即不思動了。（人類死亡開始）

後來人們去打獵，Coyote 的兒子也同去，他在路上被蛇咬死。Coyote 乃請求蜥蜴使兒子復生，但蜥蜴不肯，特為使 Coyote 難受。

密克老尼西亞有神話說：有一綠蜥蜴和老鼠爭鬥，蜥蜴從樹上跌下佯死，它使老鼠也跌下，老鼠真跌死了。於是人類死亡，蜥蜴不死，年老即脫皮返幼。(Sarfert u. Damm, Luangiua u. Nukumanu, Hamburg 1931 p. 458)

著名學者史密特（Ursp. d. Gott. II p. 179）說的對：蜥蜴、蛇、及柞鼠是月亮神話角色，月亮代替了至上神，或與至上神混合了。Coyote 表示暗月，將死亡帶來人世。起始的人們不死，後來有了死亡，但死後尚可以復生。

火地的人以為第一個人死後復生，有如月死復生。(同上 p.999)

澳洲 Kulin 人有神話說：古時的月亮如人一般活在世界上。月亮願意給當時人們水喝，這樣，人們在死後可以復生。但當時有一隻鴿子不願贊成，月亮遂生氣了。(Ursp. d. Gott. III p. 690 引 Howitt)

又有 Wotjobaluk 人神話說：在古代的一切野獸尚為人時，月亮往往說：「您再復生吧！」死去的人即復活。但當時有一老人說：「死去的人們就死去吧！」從此，人們不得復生了，只有月亮尚死而復生。（同上引 Howitt）。

Dornan, Pygmies and Bushmen of the Kalahari, London 1925, p. 172 說：當時月亮派龜前來給人報信說：「人們喲，您們要像我一樣，死後復生」。但是，龜走的很慢，因此把消息忘了，遂又回來再問訊。於是月亮派兎子去，因兎子跑的快。但它在半途看見豐美的草地，忘了前去報信，又不敢回去再問，遂向人們說：「人們喲，您們要死，要永久死去」。在此時間，龜已到來，報以不死的消息。——人們聞之，遂爭辯起來，那個消息屬眞。一人怒向兎子擲石，將它的唇打爲兩半（至今如此）。人們派使者去問月亮何者消息屬眞，結果以先到的消息有效了。（兎子指暗月，要死，是人們死亡的象徵）

六、資料解說

我們把蛇脫、蜥蜴和兎子等神話已從各地列出，蛇和蜥蜴及兎子在中國資料中也和月亮神話相關，我們在他處已有證明。（澳洲 Euahlayi 部族，稱蜥蜴爲 oolah按此字當指月亮）

初民完全不死，不死本是神的意願，也是極古諸部族（如 Selknam, Yamana, Samoyeds 諸部族）的信念。（Ursp. d. Gott. VI p. 151-2）

Frazer 的四個神話類型中，明說有月亮類型，人類的死與不死，都藉月亮的死生作譬況，那麼，月亮的不死，遂爲人類原來不死不可缺少的譬證。

神話類型，彼此得到資料的印證；如果將四個類型同歸月亮神話（只要有相當證據）是可以的。（

Frazer 不明白這一點）

月形什麼也可以相似，新西蘭土人也視月形有時像香蕉。那麼，本文的香蕉類型，定也當歸之月形神話。

兩個報消息的神話，可以用月有二儀的意義來解釋。兩個蜥蜴報信、蜥蜴和鳥報信、以及龜和兎去報信，都以月亮二儀作基礎。即便是 To Kabinana 及 To Karvuvu 也有些同樣基礎。使人不死者爲神、月亮、狗、蜥蜴，使人死亡者爲鳥、兎、人、鬼，（都指暗月）。神本來不欲人死，但在某種情形之下，（或因人的不好）又使人死，Coyote 指暗月，當然神話就說他使人死。To Karvuvu（我們從其資料知道）是一愚蠢壞惡的神話角色，（暗月）當然也希望人死。神在不喜歡人的壞惡時，即使人死，使蛇和蜥蜴永生。狗和蜥蜴在某情形之下，有時也將死亡報告給人。

總之，上述的鳥獸蟲類，都是月亮神話。死與不死也都藉月死月生爲神話依據，即便說是神、或創造神、或其他神話角色，也都渲染了月（亮）的意味。所以本文所引的一切神話，都是月亮神話，但以 tautology 法演述了。

其實，神話也明說了，月亮主張人暫死再生，月亮給人長生之水（Kulin 人），（與中國古代的甘露、赤泉、玉漿當有淵源關係）。古代人不死，月虧即變瘦長的，月長則變爲粗肥的。這是把人類在古代所有不死觀念捲入月亮神話了。

神話以爲「不死」的命運只能在一方面，或是蛇和蜥蜴不死而人死，或是前者死而後者不死。狗和蜥蜴本欲報告長生，而有時又報告死亡；不要石頭而要香蕉也是死亡的原因，（因石頭不壞而香蕉易死）神話的確能自圓其說，因為實際上人們都要死亡。神話所說的死、死後再來、與長生不死，原來都以月亮為根據；神話有時簡直的說月亮使人不死。所以人類的不死觀念，似都捲入月亮神話，中國古人亦不例外。

各個民族似都相信人有不死的靈魂，但現在是說肉體也不死去，這就是仙者，所以中國古代的修仙文化，實在有原始傳說的依據，可惜學者尙不知道。

宗敎在神話時代以前，但到了神話時代（特別是月亮神話），宗敎的一部分意義即陷入神話旋渦中。但本文中的神、或創造神除開神話色彩，（若細心研究）似尙有些最原始的大神意義，於此不贅。

原始資料與中國古傳相似者：To Kabinana 及 To Karvuvu 與淮南子的連臂二帝神及伏羲女媧神話相似，我們並且主張 To（月）就是「道」（月）。原始資料也談長生之水。月與兎神話也見於中國傳說。蛇和蜥蜴神話與中國的蛇脫、蟬蛻、尸解尙顯然相同。

原始神話有時以為死亡的來臨，是因人們不好，中國古代也主張「修」仙，仙是修養出來的。「修」和宗敎相關，有原始資料的證據。至於服餌仙藥，長羽翼、不飮食、水不溺、火不焚，山川無阻（言仙者），則似乎是在中國演出的說法。

統觀本文引出資料，死與不死，又似乎不是人們自己的事情，在中國古代則當自己修，自己找（仙方），自己向別人請敎。修「仙」與「入山」在中國文化不易分開；原始資料的不死觀念，似乎不必和山拉關係，雖然不見得沒有一點月山神話。那麼，仙與山意境的重要連合，似是中國古代的神話傑作。山海經作者是這種傑作的祖師。

七、結論

大家都看出來，本文的資料，爲主張仙道最初與月亮神話相關，有不少助力。只研究中國資料似乎不能完全明白仙道的基本意義。爲使中國文化得到眞正解釋，似乎離不開新方法。

本文對於仙道不死觀念，找出了可靠的基本解釋。若再問說，爲什麼將不死觀念與月亮連合起來？當然因爲月亮不死，但是，除非人類在月亮神話以前已有不觀念，（至少靈魂不死）即沒有興起月亮不死（或與月的不死相比）神話的基本。原始人相信靈魂不死，容下文闡述。

原始文化中的人們，幾乎都有人類原來不死的說法，連那些代表最原始文化的矮人們也有些不死的神話，譬如，有月老名 Okalai 者，有時向人們嘲笑說……"Je vis toujours, alorsque vous vouliez me tuer," (Ioset Buda Efe ba, Zaire 1949 vol. II p.155)。

第二章　崑崙文化與不死觀念的基礎

在原始文化中，長生不死的信念藉月亮神話形成，在中國古代亦然。但中國古人將不死信念藉月山神話形成，這是中國文化的特徵。

不死觀念並不起源於月亮神話，而是藉此神話得到了發揚，這發揚並且到了很高的程度。實際說來，人類固有的不死觀念是神話形成的基本，月亮神話好像是被利用的廣播器，將基本觀念宣傳開了。

在中國的廣播器，是崑崙月山文化，這種文化使原始宗教思想（不死觀念）得到發展，但在同時也似乎將宗敎觀念情形蒙蔽了一大部分，所以修仙似乎已變成文化，雖然尙有不能與宗敎脫離的情形。今將崑崙文化與不死觀念再透視一下。

一、崑崙月山文化

崑崙月山神話，形成了仙山和修山觀念；崑崙是一種樂園，因爲那是神的天都；神是幸福的神，他的居處也當是幸福的所在，所以人們想望崑崙，好像是最後的目的。尋迷崑崙最着意的要算是漢武帝，但他似乎不明白崑崙是月山神話。

除了崑崙以外，尙有無數的山演變成仙山（月山）了；修仙者當入山，似乎是不可更易的條件。依筆者研究的結果。山海經的一切山都是月山，因此也都當是仙山。巴比倫古代人以爲月面有山，南洋人有以天上有山名 Kuling （月）者，但都沒有將月山加以發揮。自中國古代直至宋朝，（當然以後尙有修仙信念）頗不乏修仙之人，所以時常有入山者。古代仙山固然根據月山神話，（雖然修仙者已不明白）但似乎因文化演變，一切僻靜並且較爲幽雅的山都可以當作修仙之地，推本求源，都基於月山神話無疑。

月亮不死，死而復生，所以山海經有不死之山，但在他一方面，實際的山脈，可以居住，可以靜修，可以與人間隔絕，又可以在無人聞知中死去，正好可以符合些仙意。山中有許多藥草，又有清泉美菓，又是治病、延年的好機會，如此，已自然接近了長生不死的願望。何況又信有山神和已成仙者的提拔呢！但是，無論山中有多大好處，若沒有月山神話作傳說基礎，無論何山，都沒有仙山的資格。我們已看見了，崑崙即等於南洋及澳洲指示「月亮」的一字。列子中的五座神話山，我們也已證明非月山莫屬。仙山的意義是指月山，當無疑義。

二、靈魂與月山

在下文，我們可以證明不死的觀念原是指靈魂說的，人的靈魂不死。今觀原始資料中，是否靈魂與（月）山有些關係。

Rosalind Moss 著 The Life after Death in Oceania and the Malay Archipelago, Oxford, 1925）。頁八五：戰士及貴族死後居住在 Watubela（月亮）及 Ceram 島，（當亦指月亮）普通人則住在山上。（在薩落孟羣島的） Abgarris 諸島，相信巫師及貴族死後住在星辰以上。在 Union Group 並在 Penrhyn 諸島，國王及巫師死後住在月亮。（頁八七：在玻里尼西亞南部以爲亡者住處與太陽相關）。

有些印尼人以爲亡者赴一山或到山谷去。 Ceram 島的 Alferu（爲該島最古之人）人，以爲亡魂赴山林去。（Moss, p. 36）

亡靈最愛住山，有的山號曰「魂山」（在Normanby島）。新幾內亞的 Koita 人，婆羅洲的 Dusun人，Ceram 和 Watubela 島人， Bougainville（東南部的） Nasioi 人，以及呂宋 Bontoc Igorots人等，都相信亡靈住山中。在 Celebes 島有些山被認爲是鬼神居處，所以土人不敢上去。（Moss, pp.69-70）

The departure of the dead to some special region, such as a mountain, is the commonest type of belief in Indonesia, and often occurs elsewhere (except in Polynesia) • (Moss p.77)

Spirit-land 有許多生活所需物，沒有疾病。有美樹、美鳥、美女……。(Moss, p.132)

這些描述，以靈魂愛居山間，但是否有月山神話背景？似乎如此，因一方面說靈魂到月亮去，又一方面說到山中去。無論如何，靈魂到月亮去，或與月形混合，也可見於中國神話，淮南子說山訓中的魂魄，我們已證明與月的陰陽面有神話關係。(註一)(拙著中國古代宗教系統頁四六…四七)。中國至今所有的七七風俗也可證明魂魄與月相關的文化(註二)

靈魂不死的信念，在月山文化中，與宗教不能分開，為什麼希望到月山去？為什麼月山為幸福之地？因為古人相信神在月山，神的所在，就是理想幸福之所在，所以莊子主張與造物者遊，所以月山的水、草、菓子、及各種怪獸(見山海經)也都有些非凡的力量，令人康健長生。

原始民族只說人死後到月山去，但未明將肉體的不死與月山連合。若只論中國古代的魂魄觀念，也不包括肉體去月山；肉體也去月山包括在仙道觀念內。

三、靈魂不死的信念

澳洲土人相信人在死後有靈魂的存在，相信死人能予生人以禍福，所以給死者房屋、食物、衣服、用器、及武器，叫亡者高興。(J.G, Frazer, The Belief in Immortality I, London1913, pp.168-9)

新幾內亞的 yabim 人，以為人在死後，靈魂即變成鬼 balum，(意當為月) 鬼所度的生命與今世略同。Bukaua 人以為人的靈魂永久不死；人並且在生活時，他的靈魂也可以暫離肉身。可見肉身和魂為不同二物。(Frazer I, p. 244, 257)

上述 Frazer 一書中，充滿了原始民族相信靈魂不死的觀念，請讀者參閱該書。

Histoire générale des Religions I, p. 123 論 La nouvelle-Calédonie 的 Canaque 部族說：該族語言中沒有指示死亡的一句話，他們以為人永不死。pei 及 me 指人得病的情形，指消失。所以他們不信人死即滅。

今將中國大陸及臺灣，南亞信念略述如左：

中國民間有叫魂的風俗，讀者一定也看見過。一個人死後，家人即拿着一件死人的衣服，到房上叫魂，面朝北方說：「皐，回來吧！回來吧！」這是很古的風俗，楚辭中有招魂篇，請靈魂回來，不要到南方去，不要到西方去，不要到北方去，也不要到東方去，回來吧！又有「人死歸太山」的說法，死屍在家中，在墳墓內，怎麼能去太山呢？所以是魂歸太山。人死以前即為他穿新衣服，意思是斷氣以前穿新衣服，死人即可穿新衣服到他世界去，斷氣後即沒有用處了。敬拜祖先幾乎是世界各民族共有的風俗，詩經有時怨恨祖先不給下雨。靈魂是存在的。中國鄉下人有些怪名稱，(註三)譬如給男孩起個「小狗」、「小豕」的名稱，或者起一個女孩子的名稱。這都是為哄騙死鬼，不要將男孩子叫走。中國人注重男孩，「不孝有三，無後為大。」但特別注重男孩，「女子外向，」男孩可以成家立業，將家庭繼續下去。我們說話不要離題太遠了，上邊所說的話，證明有死鬼的存在。民間的迷信，常害怕死鬼把男孩拉走。南亞有不少民族，在埋葬死人時，有一篇很好的演詞，向死人說：您現在已走了，離開我們了，請您不要再回來，不要再想您的家人，您好好在他界度生活吧！——這是怕死人再來將家人叫走。——有時從房屋中，將死屍抬出去時，不使死屍從門出來，於是把屋牆挖掘一孔穴，使死尸從孔穴出來，然後把牆再堵塞住，這是使死人不再認識回家的道路，使他不要再回來。有時在埋葬後，大家從墳上趕快跑走，怕魂追上來。當然迷信的風俗也不一致，有時認爲靈魂是與家人有益處的，所以請靈魂住在家中。爲什麽中國家庭中有靈魂牌位？人們相信靈魂就住在牌位上。在越南及中國，人在臨斷氣時，家人取來一塊綢子布，放在他的口上；他一斷氣，靈魂可以到綢子上，即供奉起來。有的民族，認爲靈魂有時在黑夜回到家中，爲此，即在門口散灰土，看看靈魂到來時留下痕迹否。有人說，他曾看見過靈魂的痕迹。（見拙著中越祖先崇拜一書）筆者曾去臺東一帶調查卑南族，我當時問說：「您們有弟弟娶亡兄太太的風俗否？」他們說：「不是這樣。但有一次哥哥死了，弟弟娶了兄嫂爲妻，結果，哥哥的靈魂出來了，在路上抱住弟弟，說了不高興的話。弟弟得了大病。」

以上所說的當然都是迷信，但是可以證明一件事，依照古代民衆的傳說，人有一個靈魂。這是眞的。各民族都相信有靈魂，這是人類共有的意見，不會錯的。不信有靈魂的學說，只可以表示在人類文化演進中出入毛病。

四、靈魂和肉體不同

原始人信仰靈魂不死，有現代科學方法論證的支持。自笛卡兒以來，學者往往把靈魂的生命看作意識的現象，古代的心理學家也固執這種謬說。但時至今日，大家都已知道，靈魂的生命也有些無意識的情形。這無意識的生命並不只是屬於植物的生命，因爲它具有超過植物生命的活動。譬如，我們有時想不起某人的姓名來，但經過一番熟思，即可以想起來。我們得到已被忘記姓名的方法，是一個沒有意識的方法。這種無意識的確是一個確實性，是存在的。

絕對的唯物主義者，以爲沒有靈魂實體的存在，所謂靈魂即只是許多活動表現的總合，就如許多顏色可以綜合爲白色一樣。所以靈魂就是腦部原子活動的狀態。所以思想和觀念只是物質上的運動。

「心不在焉，視而不見，聽而不聞。」證明人的心中尙有與物質不同的東西，不然的話，爲什麼說「心不在焉」？我們的心時常在我們身上！可見「心不在焉」不是指的物質的心。腦筋和心部不是可以視聽的最後理由。

古代中國人注重心部，一個人靈巧就說是心中靈巧，心部當然很重要。但腦部更爲重要。我們可以繼續順着腦部的意義談下去。如果人的思想和認識能力只是腦部的作用，沒有超過腦部的東西，那麼，腦部大的動物應當更聰明，那麼，象和鯨魚應當比人類更有智慧。那麼，塔希地島上的小鳥（小如蜜蜂）即不及大鳥更靈活。但事實上並不如此。

人的靈魂和肉體的確是兩種東西，不然的話，爲什麼身量小的反有偌大的聰明才能呢？這話說的實在有理。

如果靈魂與腦部是一個東西，那麼靈魂即有重量，可以稱一稱靈魂是多麼重。假設靈魂是物質的，思想和計劃即也該是物質的，智識也該是物質的，但是，著名的法律家，文學家，史學家，詩學家，哲學家以及目錄學家，學識豐富，在體質方面並不見得肥胖，不但不見肥胖，反而消瘦起來。身上增添了許多知識，反而消瘦起來。知識不是物質的，靈魂不是物質的。

五、靈魂超過物質

靈魂不是肉體本身活動的一種特性，不是腦部本身出發的作用，（註四）靈魂更不是腦部的本身。因爲它不是物質的。

錯謬的學說，以爲宇宙間的一切，都是一個東西，其中所有的物質和精神也都是一個，沒有什麼基本的分別。那麼，人的靈魂也和物質沒有基本的分別。這都是抹殺靈魂爲一獨立精神的差學說。這種差學說即把靈魂實際上和腦部混爲一談。

但是，腦部雖很靈活，但它是有空間性的，是物質的，它的本身，不合乎精神上抽象能力的意義，因爲靈魂有抽象的能力，抽象是沒有物象，是非物質的。

譬如，「白馬非馬」，褐馬也不是馬，其他有色之馬都不是馬。那麼，在這種論調之下究竟什麼是馬呢！沒有色別、大小的那個馬才是眞正的馬。這眞正的馬（抽象觀念中的馬）具有馬的本質和馬性，它不是驢，也不是騾，它是馬。這個抽象觀念在一定的環境之下具體化後，才有白馬、褐馬等。如果靈魂爲物質方面的，如果靈魂是物質的腦部，即不能有眞正的馬的概念，因爲概念的主體當是非物質的，概念的形成，超過物質的能力。

當時笛卡兒對於萬物的存在性，都表示懷疑，他只是不懷疑一件事，不懷疑「他的懷疑。」假使他對於「他的懷疑」也懷疑起來，那還怎麼再肯定的懷疑呢？

但是，「我思，所以有我，」是不澈底的說法，應當說：有我，（我爲思想的主體），所以我思。（註五）思想必有作思想的主體，這主體就是靈魂，人有肉體，是啊！但人爲萬物之靈是靠着靈魂。爲說明人有精神體（靈魂）的存在，似當注意靈明的意識能力，藉意識能力可以發生認識的行爲。認識的行爲包括兩部份：認識者和被認識者。譬如，我看見一朶紅玫瑰花，即在意識中有一個觀念，我稱它爲「紅玫瑰花。」紅玫瑰是物質的具體的。我在意識中也只有一個具體的形像，但這形像和照在水中的影像大有不同。水是呆板無靈的，人則可以對玫瑰花發生運用（如用作裝飾）的意念。也可以從美花與起偉大的聯想來。聞此知彼的能力是靈魂的能力。

人的精神能力是非物質的，因此精神的主體也是非物質的。因爲人的精神和物質是分開兩件事。所以精神能力（在運用得當時）可以勝過物質去。孟子說：「生亦我所欲也，義亦我所欲也，二者不可得兼，捨生而取義可也。」捨去了生命，還怎麼去取義？如果沒有精神主體的存在，誰去取義？

精神的能力是超過物質的。譬如，中國語言的「白」字，在歐洲語言稱爲 White（英），Weiss（德）Blanc（法），Albus（拉），Bianco（義）Blank（荷）。我們知道，（語言）聲音是物質方面的，（文字）符號也是物質方面的。但是，我們聽到不同的聲音看見不同的符號，在心目中所有的觀念則絕對相同。這是精神能力超過物質能力的一個證據。

因爲精神主體是超過物質的，又因爲死亡是對物質方面的東西說的（因死亡是破壞、解散），那麼，靈魂即永不死亡，因爲精神體無所謂拆散、破壞。假設「二二等四」的原理可以改變，精神體永存的原理即可以廢止。靈魂永不會休其存在。

六、錯謬的意見

Frazer (I pp. 84—86) 引 A. Weissmann 及 A. R. Wallace 生物學家的意見，以爲這兩位學者 "agree with savages in thinking that death is by no means a natural necessity for all living things. They only differ from savages in this, that whereas savages look upon death as the result of a deplorable accident, our men of science regard it as a beneficent reform instituted bv nature as a means of adjusting the numbers of living beings to the quantity of the food supply, and so tending to the improvement and therefore on the whole to the happiness of the species.' (p. 86) 又說：依 Weissmann 的意見，許多最下等動物並不死亡，高等動物死亡，是因爲在演化過程中要減少人口，預防種類的退化；人若不死，則必受到外界的打擾，結果即退化了 (p 84)。無疑的，高等機體內含有死亡的種子，死亡爲將來的種類有益處。(p. 85) 又引 A. R. Wallace說：如果人們不死，他們即漫無秩序的繁衍起來，結果食物不足，大家都受害處。(p. 85) 所以天然淘汰使人死去，但死亡並不是必要的。(p. 84, 86) 此外，又引A. Guaguino，以爲在蘇俄有一種族，其人在每年陽十一月二十七日死亡，下年陽四月二十四即又復生(85)（這是囈語，請問那種族叫什麼？）

(Frazer) "In short, whether we regard the savage's attitude to death at the present day or his ideas as to its origin in the remote past, we must conclude that primitive man cannot reconcile himself to the notion of death as a natural and neeessary event;

he persists in regarding it as an accidental and unnecessary disturbance of the proper order of nature. To a certain extent, perhaps, in these crude speculations he has anticipated certain views of modern biology."(p. 84)（說原始人有生物學上的看法，又是囈語）

上述的一些話，互相矛盾。說人們本來不死，但事實上還必要死去。人們的死果然有保存優美種類的意義嗎？原始時代人口不多，那裏缺乏食物呢？既說天然淘汰 natural selection 使人死去，爲什麼又說死亡不是 natural necessity？所有論調與所謂蘇俄境內有不死的種族同屬囈語，昭然若揭。達爾文主義不能解說死亡的原因。人的死亡屬於自然律。我們決不相信原始人的不死觀念和他們的生物學知識有關，他們沒有生物學智識。生物學不能主張人類的肉體不死。

原始人對於肉體不死觀念，是從靈魂不死觀念演來的，月亮神話促成了這種演變，毫無疑義。原始人對於有靈魂的存在，並且靈魂不死的信念，是與生與來的；這種信念的存在，有實地資料作證。Frazer著作收集的材料相當的多，但他爲解釋不死觀念未得方法。

七、結論

崑崙文化不能專指明言崑崙的資料，舉凡與月山、仙山、修仙相關的意義，都可歸於崑崙文化。

不死觀念在原始民族與月亮神話有不解緣，但在中國古代，大部分藉月山（仙山）爲出發點，雖然也略有與月山分開的不死思路，但沒有離開月亮神話。

神話固然得到充份的發展了，但是，如果人類沒有基本上靈魂不死的信念，必然也沒有用神話作發揮的憑藉。崑崙文化與不死觀念好像是很茂盛的枝葉花菓，但靈魂不死的信念則是樹根。根深葉茂，本固枝榮；看到枝葉的茂盛，即知根本深固。那麼，原始人深信靈魂不死，毫無疑問。

相信整個的人不死（連肉體也不死），推本求源，實自靈魂不死信念演來。

靈魂當是非物質的主體，不能腐壞；靈魂的作用證明它是精神主體，不會死亡，有現代科學方法論證的支持。肉體是有死的，**Frazer** 引證的生物學家的意見不對。

月山神話描寫人類希望的「康樂長生」，（拙著山海經神話系統有康樂長生章），不死觀念果然和崑崙文化打成一片了。

附註

（註一）馬伯樂（H. Maspero）著 Le Taoïsme 一書，頁十七以為中國古人所求的是物質方面的長生，而不是精神方面的不死，古代希臘羅馬人將精神與物質分開，以為二者彼此相反；在宗教範圍內言之，則以為靈魂為精神體，與肉體結合起來。但是，古代中國人從來不以精神與物質有分別，所以也不以靈魂與物質相反。（Maspero）

當然，為靈魂為精神體（在中國古書）找證據不容易，但簡接的證據是有的。魂魄不易與物質意義分開，因二者已藉月亮的陰陽面得到發揮，（拙著中國古代宗教系統頁四六—四七）但莊子（知北游）以為月的陽面（光曜）與月的陰面（無有）談話時，承認自己可以到「無」（陰面）的境界，而不能到「無無」（非物質的）的境界，只有「無有」（陰面）才能到「無無」境界。「無有」（陰面）指魂，所以魂可以是非物質的。韓非子（解老）以萬物皆有理，「物有理，不可以相薄」，無疑的，這個理字是後代理學的依據，理就是Form。所以古代中國人有形而上觀念。

（註二）按中國民間舊俗，家人死亡後，每到七天即作敬禮，以安慰亡者，直至七個七天後為止。我們可以對這舊俗的意義，予以解釋。

按七七舊俗當是根據月亮神話。易繫辭：「大衍之數五十，其用四十有九。」七七四十九。七、二十八、四十九都是月亮數字。四七二十八天是月亮出現的天數。古代中國人與許多其他民族都有月神宗教和月亮神話。依着這樣的風俗，本當在二十八天（四七）後即休止祭拜，因在二十八天後月即消失。但是，因逝世者不常在月初，所以為記念亡者即將數字擴張到四十九（七七）。這樣看來，七七只是根據了月亮神話。

但七七風俗的意義，似乎寧是指的中國文化中所說的魄，田藝衡玉笑零音說：「人之初生，以七日為臘；人之初死以七日為忌，一臘而魄成，故七七四十九日而七魄具矣。一忌而一魄散，故七七四十九日而七魄泯矣。」這都是月亮神話。魂魄取了月亮的陰陽面作象徵，（見拙著中國古代宗教系統，頁四六—四七）這並不是說，人沒有靈魂，實在因為正式的宗教以外，人們往往把許多屬於宗教的觀念，與民俗中的神話糾纏在一起了，這是屬於古代宗教和文化的一個大問題，恕不贅述。

靈魂是確實存在的，因為它是看不見的東西，古人不得不設法為它找一個看見的象徵，以表明它確實的存在。

按古代文化說，每人有魂有魄，或者有三魂七魄；但若按眞正道理說，當然一個人只有一個靈魂。簡單的理由：因為只有一個我。

在七七後魄即消散了，這個說法只是屬於古代的文化，不再屬於高貴的宗教。況且人的魄只是憑藉月亮神話發展出來了，根本上人沒有魄這種東西。

假設說有魄的話，那麼，七七後消散的只是魄，而不是魂。魂是精神體，不會消散。

筆者以為七七風俗得到了澈底的解釋。為得到這種解釋，當然也不容易。

月亮神話，籠罩着中國古代的大部文化，我們有時必須把神話的繁蕪枝葉除去，才看見宗教的眞面目。當然詩書中的宗教相當淸楚，但民間風俗中多有月亮神話成分，（可惜都已失傳）如果不信，請看拙著中國古代宗教系統一書。

（註三）臺灣新生報（民五十一年二月二日）有鹿山氏「憶樟娘」曰：

「故鄉浙江嵊縣，當孩子出生以後，如經算命先生排過八字，認為「命大」不易撫養者，必須繼承出去，給別人做兒女。而被認作孩子的爸或媽者，却必須是「命窮福薄」的：像乞丐、出家人等。孩子的小名也因此被喚為「討飯」「和尚」，表示孩子在人間已屬身世卑微，可以避免諸鬼神的覬覦了。也有當嬰兒一落地，即放在籃子裏用秤秤，意謂孩子的命根已被秤鈎鈎住，不用擔心被鬼神攫去的，這類孩子的小名往往以其所秤得的重量呼之：「七斤」「八斤」「九斤」。還有讓孩子拜樟娘，過繼給樟樹做兒女，所行儀式與敬神無異，備香燭酒菜，錫箔紙錢，和一串銅錢（上面附繫寫有孩子的姓名及生辰八字的紅布條）於行禮完畢，由孩子的父母把它用力拋上，掛住樟樹的枝椏，即表示孩子的靈魂已由樟娘護住，從此可以萬事逢兇化吉，消災除難，無往而不利了！這類仗着樟娘保護的孩子的小名，前面一字必冠以「樟」字，男孩叫「樟富」「樟樵」「樟法」，女孩叫「樟琴」「樟花」「樟芬」等。

筆者因家裏三代單傳，人丁稀薄，出生以後，即拜樟樹爲娘，小名喚作「樟當」，這個名字一直被叫到十八歲離開家鄉爲止」（以上爲鹿山氏的話）。證明有靈魂爲民間信仰。

（註四）按人有靈魂，又有肉體，二者有根本的不同。但是二者的連係是實體上的連係，並不如馬兵騎馬一類的連係，所以即形成一個完整的人。

肉體和靈魂有密切的連係，但似乎腦部和靈魂的連係比較更密切。

腦部的本身並不會思想，只是將我們的意識表達出來罷了。

有人說：思想是物質腦部的活動，思想（感覺意志）建築在腦部活動上，是腦部本身的產品。這樣的錯誤好比是說：鐵就是金子，魚目就是寶珠！

思想果然就是原子活動嗎？

從原子活動即發生熱力，熱力就是活動，這樣說來，思想就是熱力。這一點，誰能相信呢？思想決不是熱性的。

唯物主義者說：物質的腦部活動是「原因」，心靈生命的活動是「效果」，沒有原因，即沒有效果。

，但是腦部活動，根本不是精神活動的原因。

物質程序的效果只是屬於物質程序方面，的確是如此。在程序方面並沒有什麼所謂邏輯和不邏輯的思考，因爲物理方面的活動無所謂邏輯與不邏輯。

若只在物質界說話，換句話說，假設思想只是屬於物質方面的，那麼，四七二十八和四七二十九即沒有分別了，因爲物理界的事實都是必須如此的。假設精神的思念完全是物理，則當依從必然的物律，那麼，四七二十九或也即不錯誤了，誰能相信呢？

但是，我們的思想除有精神的心靈價值外，尚有邏輯價值。我們問：「這個思想正確不正確？」自由追求眞理（對與不對）的思想，怎麼能興起於固執不變的呆板物律中？物律不能解說我們的自由意志。所以思想的本身和物質沒有關係。思想既是精神活動的主體，這個主體應當是非物質的（靈魂）。

或者說：沒有腦部即不能思想，所以思想來自腦部！（對於此問題以後再正式答覆）——這是說，沒有鋼琴不能奏月光曲。—但奏樂者比鋼琴更重要！奏樂者是「奏」的基本！

難者又說：精神病是腦部有病，所以精神和腦部是一個意識程序，應是腦部的作用！靈魂只是人身機構的作用！（謬說）

腦部不是思想發生的原因，我們可以說一個譬喻。大家都知道報點的掛鐘是怎麼構成的吧？掛鐘有一些輪子，有一個鎚子，鎚子被輪子推動，到了時間即叩擊小鐘。譬如說，我不明白掛鐘的構造，願意研究一下，究竟是那一部份使掛鐘鳴點。我在研究那些擺時，偶然有一個小輪使我注意起來。不久我有了發現：如果這個小輪製造的好，即報點準確。如果使齒輪不光滑，鐘即報點不準確了。如果再把齒輪除去幾個鐘即報點大差。如果乾脆將小輪取下，鐘即不報點了。我便作結論說：鐘的鳴點是賴着這個小輪，所以鳴聲是從小輪本身出來的。—這樣的意見當然不對！因爲從輪子的本身不出響聲。作響聲者是鎚子和小鐘，那個小輪只是幫助了鎚子擊鐘。

同樣，思想（譬如鎚、鐘。法國有句俗話說：譬喻都是跛足的。）不來自腦部（譬如小輪）的本身，更不是腦部的本身；不然的話，則鎚（鐘）即是小輪的本身了。腦部不健全可以影響思想，但思想的能力不來自腦部的本身。腦部只是必需條件，不是原因。沒有空氣燕雀即不能飛翔，但空氣不是燕雀能飛翔的原因，假設掛鐘只有上述的那個小輪子，此外沒有別的，那麼，鳴聲即必出於小輪的本身。但掛鐘尚有別的構成物！說腦部的本身能發生思想不是一個證明的結論，而是有待證明的一個命題，——永久得不到合理的證明！

假設說思想由腦部本身形成，那麼思想的本體即是物理方面的東西。但是，抽象的概念，頗能擺脫物質，思想的對象會離開物質。他一方面，腦部大的人往往思想不多，腦部小的人往往有很多思想，所以思想可以和腦部成反比例。

總之，呆板的物律，與自由的思想確是兩件事。靈魂是非物質的，是思想的主體。

所以從學理上也可以證明人有一個精神體，這就是靈魂。

（註五）按思想（感情、意志）可以製造成物質界絕對沒有東西，純邏輯當然可以超脫物質，但我們隨便找一點意思，已可看出思想本身可以超脫物質。楚辭九歌湘夫人是美文學，我們即拿湘夫人篇學例吧。該篇說：

「帝子降兮北渚，目眇眇兮愁予，嫋嫋兮秋風，洞庭波兮木葉下。……沅有芷兮澧有蘭，思公子兮未敢言，荒忽兮遠望，觀流水兮潺湲。……聞佳人兮召予，將騰駕兮偕逝。築室兮水中，葺之兮荷蓋，蓀壁兮紫壇，菊芳椒兮成堂；桂棟兮蘭橑，辛夷楣兮藥房，罔薜荔兮爲帷，擗蕙櫋兮既張；白玉兮爲鎮，疏石蘭兮爲芳，芷葺兮荷屋，繚之兮杜衡，合百草兮實庭，建芳馨兮廡門，九嶷繽兮並迎，靈之來兮如雲。」

這篇文章應當和山海經中次十二經洞庭之山條合讀，即得其意義。無疑的，湘君湘夫人就是所謂帝之二女。帝子即帝女。帝（神）和帝女都是古代民俗中演成的月神，毫無疑義。（見拙著山海經神話系統）「帝子降兮北渚，」或降澧、沅和洞庭是描寫月亮（月神）出來，照在水中，所謂「公子」和「佳人」也都是帝子（月神），恕不贅。

湘夫人的作者說「思（！）公子兮未敢言，」表示不好意思和神來往。但是，「聞佳人兮召予，將騰駕兮偕逝！」既然不能上天，將如何去找她呢？水中也有月亮，就去水中吧！於是妄「想」起來：「築室兮水中，」「菊芳椒兮成堂，」「辛夷楣兮藥房，」「芷葺兮荷屋。」多麼雅緻的住處！

說到這裏，話歸正傳。我們試看湘夫人作者的思想：「思公子兮未敢言，」他不但思想公子，他還思想說：「假使聽見佳人召叫我，我即趕速跟她一塊去了，」和她一塊居住在水中，領略神仙境界的清福。——結果，這只是妄想，神人並沒有召叫他，他也沒有得到神仙的清福。因爲他最後向水中「捐袂、遺褋」，並且投杜若，爲祭湘夫人。

如果湘夫人作者的思想來自腦部的本身，（如果腦部與思想是一個東西），那麼他即不會思想「假使召叫我，我即趕速去了。」「假使不召叫我即不去。」腦部的呆板物理性沒有這樣兩可的假設。如果思想是物質方面的東西，那麼，湘夫人作者即應當呆板的思想說：「我要跟她去。」（不管召我與不召我）。現在，作者的思想（和意志）是兩可的，（雖然他偏重前去），這一點，用物理的呆板性是不能解說的。

作者的思想意志並且有反對物理性的表示，因爲把自己的行止放在人家召叫與不召叫了。物理沒有這樣的兩可性。我們要注意，思想意志在先天爲自己保持着這兩可性。人家召叫與否是另一回事。

第七編　總結論

總論崑崙文化與不死觀念

不死觀念是一種人生觀，與崑崙文化相關。長生和死亡說法都渲染了月亮神話，這種神話以原始宗教爲基礎。道家含有不少宗教成分，所以演爲道教。研究中國文化已到了用科學方法的時候，讀了本書可以解釋道藏，似乎如此。

Joseph Needham (李約瑟) 說：“From the beginning Taoist thought was captivated by the idea that it was possible to achieve a material immortality. We know of no close parallel to this in any other part of the world.” (見所著 Science and Civilization in China, Cambridge 1956 vo.II p.139) 李氏說長生不死的信念只是中國文化，這種錯誤由於他不明白原始民俗學，並且上了馮友蘭錯謬主張的當，(見該著頁三三)。中國古人會發揚是眞的，但發揚的成果是以原始文化爲根據的。

今將本書要義略述於左。

一、人生觀與文化

崑崙爲山，並且爲神話之山，崑崙文化與仙道觀念有不解緣，仙道也與崑崙文化不能分離；崑崙爲月山，仙山也爲月山，總之，崑崙、仙、道都與月亮神話相關，所以崑崙文化與仙道不死觀念似乎是一而二、二而一的。如果談崑崙文化，不能拋下仙道；談仙道不死觀念，也離不開崑崙，所以本書命名爲「崑崙文化與不死觀念」，恰好可以將所談內容包括無遺。

人生觀受文化的影響，文化也受人生觀的影響，但是，人生觀並不絕對受文化的限制，所以也有不少的人不相信有仙道。人生觀支配的文化，似乎不但在此人生觀範圍以內發展，所以不求仙道者，也往往思作隱士；不求長生者，也往往注重衛生之道，文化的本身有些進攻性。文化可分爲物質的和精神的，人生觀是精神文化，（在遠古時代）特別與宗教相關者。

崑崙文化使不死的人生觀長成了，但它又建築在不死的人生觀上。所以，如果以崑崙「文化」與「不死」人生觀對看，則不死的人生觀爲基本的，它製造了文化，又藉文化來滋長。

在原始時代是至上神令人不死，但人類不幸將不死命運失掉了。山海經所述則直承原始神話，以月山所產的東西有使人長生的意味，顓頊死而復蘇。（見拙著山海經神話系統，康樂長生章）到了漢代仙方漸複雜起來。晉朝人使仙道觀念普傳於人間，唐代又繼續作發揚，以迄於宋代。宋後的仙道觀念仍有影響。

不死的仙道觀念，始終與山嶽有不解緣，如果山的意義沒有他種文化的支持，必然沒有仙境的價值。月爲仙境的確以月山爲根據，沒有分毫可疑之處。古代的山嶽有時崩潰，也不能阻擋仙境的意義；山中有毒蛇猛獸，不見得有生活上的方便，但山與仙的關係仍不能打斷。中國古人欲仙者非入山不可。仙和山在古人腦海中已不可分開，這似乎是中國文化的特殊情形。起始只尋找崑崙和蓬萊仙山，後漸將範圍擴大，視一切深山為仙境了。為尋求仙道，入山不出的人為數不少。這都是無意識的在原始月亮神話的流風餘韻中要把戲，並且要了兩千年。

本書研究的結果，可以指示文化演變的好例。起初有一神觀念，原始人尚沒有將神的觀念與月亮相混；到了一定的時期，乃相信神靈住在月亮，遂把月亮和神交混；（雖然未完全交混）月形像似許多東西，又像似一座山，將至上神的不死與月山意境連合起來，神不死，月亮也不死，又將人的不死命運與月山連合，於是山和仙的意境連合起來。

仙藥也和山取得聯係，所以入山居住，入山採藥。仙藥和月亮神話相關，不然，即沒有令人食之不死的理由。

當然有了道德經和莊子那一套說法，仙也和修道不能分離，但老莊多言同死生，仙道文化運動則直欲不死。當然，善行好報的原則，是人類共同的信念。假使沒有老莊的勸說，則為得到修仙的成功，必也有道德修積的要求。修仙運動，不但提倡了衛生主義，而也與世道人心有了很多的裨益。修仙文化在中國文化形成中的確是美麗的勁力。修仙文化也提倡了科學研究。

"It (Taoist thought) was of incalculable importance to science,since, as will be seen later on (Sect. 33) , this ideal stimulated the development of the techniques of alchemy almost certainly earlier in China than anywhere else," (J Needham, vol 2, P.139) "We owe to them (Taoists) the beginnings of chemistry, mineralogy, botany zoology, and pharmaceutics in East Asia." (Needham II p. 161)

關於衛生，可略引後漢書方術傳作證：「（華）佗語（吳）普曰：人體欲得勞動，但不當使極耳。動搖則穀氣得銷，血脈流通，病不能生，譬如戶樞，終不朽也。是以古之仙者，爲導引之事，熊經鴟顧，（注：熊經，若熊之攀枝自懸也。鴟顧，身不動而廻顧也。莊子曰：吐故納新，熊經鳥申，此導引之士，養形之人也）引挽腰體，動諸關節，以求難老。吾有一術，名五禽之戲，一曰虎，二曰鹿，三曰熊，四曰猨，五曰鳥，亦以除疾，兼利蹏足，以當導引；體有不快，起作一禽之戲，怡而汗出，因以著粉，身體輕便而欲食。普施之，年九十餘，耳目聰明，齒牙完堅」。演出的文化可以影響實際。

演出的文化可以是虛構的，但是，只要是大家承認的文化，那種虛構也有它的根據。譬如，仙道文化的根據是至上神，是月亮，是月山，是人的不死願望。仙道文化將這些事物都連合起來了。所以虛構的文化有時是事物的（主觀）連合。文化在連合固結後即起始以本身的資格發動力量，不但使人的思想受影響，還要支配人的行爲，使社會風氣爲之一變。仙道觀念造成了一個與世俗對抗人生觀。我們一方面知道古人受了文化的哄騙，一方面又可原諒他們，因爲什麼比長生不死更有價値呢？他們追求的是永久的快樂人生。

二、死亡與長生

長生與月亮神話相關，死亡也和該神話演成關係，觀中國古代資料的確如此。

說文：「仚、人在山上，从人从山，呼堅切」。廣韻：「仚、輕舉貌」。釋名：「老而不死曰仙，仙、遷也，遷入山也，故其制字人旁作山也」。仙爲僊之或體，說文：「僊、長生僊去，从人从䙴，䙴亦聲」。說文繫傳：「長生者，僊去也」。爲什麼人在山上即老而不死？爲什麼「遷入山」即得到長生？這不是字書學家所能答應的問題。御覽七四引遁甲開山圖：「沙土之浦，雲陽之墟，可以長生，可以隱居」。寰宇記引河圖括圖：「龍山，往往有仙人，遊龍翔集」。龍山、沙土、雲陽定爲神話月山。

長生和月亮神話相關，今觀死亡也和該神話相關。

說文：「死，澌也，人所離也，从歺从人，息姊切」。徐鍇：「澌、水盡也」。風俗通怪神篇：「死者，澌也」。曲禮：「庶人曰死」。注：「死之言澌也，精神澌盡也」。檀弓：「小人曰死」。注：「死之言澌也」。白虎通崩薨篇：「庶人曰死，死之爲言澌，精氣窮也」。列子湛注以斯爲離，古人並以澌指冰釋。從這些話是否可看出什麼與本書相關的意義？（按澌又音西，正韻以爲聲破也。梅拉尼西亞神話，以爲月的消滅是被撕成片段，表示死亡）。至少老子說：「渙然若冰釋」，以冰釋形容月。

但死與月亮神話相關的意義並不缺少，大戴禮本命篇：「分於道謂之命，形於一謂之性，化於陰陽象形而發謂之生，化窮數盡謂之死」，已露月亮神話意味。道和陰陽的象形原指月亮和月形，我們早有證明。說化於陰陽象形爲生，是藉月的生來形容生；「化窮數盡」，當暗示月入晦朔，以形容死。申鑒政體篇：萬物之大極曰死」。月盈復虧，足向死路。（大極與月亮相關，筆者早有說明）晉書禮上：「夫人合天地之陰陽之靈」，人與陰陽相關。

說文：「薨、公侯猝也」。徐鍇引白虎通曰：「薨、國失陽也，薨之言奄之，奄然亡也」。春秋說題辭：「諸侯稱薨，薨之爲言奄然而亡」。薨指失「陽」。又說「奄」然而亡，都藉月失光明爲說，是顯然的。

曲禮：「天子死曰崩」。說文：「崩、山壞也，从山朋聲」。漢書五行志引京房易傳曰：「復、崩來無咎」。漢書五行志：「自上下者爲崩」。論語（三年不爲樂樂必崩）皇疏：「崩是墜失之稱也」。崩指月山墜下，以此形容天子之死，是絕妙的說法，「崩來無咎」，月亮不久還要出來，（所以爲復卦）希望天子復生。六十四卦皆描寫月形，筆者已有證明（拙著易經原義的發明一書）。舜典稱堯（月亮神話人物）死爲殂落。月亮落下。

不死與輪廻說相關，筆者尚有專著，今暫提說幾句話。

神話也說山不死，草木不死，鳥獸不死，雀入大水爲蛤，麥化爲蝴蝶，（搜神記並見月令及夏小正）。婆羅洲土人說，起始時，鳥不死，活至百歲時，則入水，出水後仍和從前一樣。這都以月形像此像彼爲根據，所以，月亮不死並不只演爲人的不死神話，凡與此神話取得聯絡者皆可以不死。

神話往往將不死觀念寄託在變化上，此物的不死好像是因爲變爲彼物，即使不完全變化，但也有部分的變化，如仙人生羽毛，有些失其本眞的意思，或「化爲鳥獸，遊浮靑雲」（神仙傳彭祖條），除非是神話，這裏便不但沒有進化論，還當是退化論了。蝴蝶猝然化爲莊周，已不易爲進化學說；莊周又猝然化爲蝴蝶，沒有這樣的退化法。蘇門答臘的 Batak 人有大蝴蝶神話，此蝴蝶是蝴蝶月形，新西蘭土人也以月形像似蝴蝶。

所以，輪廻觀念很原始，（筆者尚有專論）輪廻以月亮神話爲依據；不死觀念也藉輪廻說法作寄託。輪廻說法在起始並沒有佛教所演成的苦惱意義。鳥獸蟲魚也可以互相轉生，都以月的出入消長盈虧爲神話依據。莊子天運：「一死一生，一僨一起，所常無窮」，這是說輪廻。

崑崙文化中所有不死的觀念約如下述：一、人死不久復生，二、人是簡直不死，年老返童，三、因形體變化可以不死，人可變爲其他東西，其他東西又可以變化爲人。四、不死的至人可以蹈火入水而不受害。但這些演變出來的說法，都能用月亮神話得到痛快的說明，毫無疑義。莊子大宗師以道「長於上古而不爲老」，道有月亮的意思。（拙著中國古代宗教系統，道的原始意義章）

只有人類的悟力和想像，可以促使文化的開展，因爲悟力和想像可以把現象與現象連合起來，得到新與的理論事實，建築理論的世界，譬如（in casu），將自已肉體的死生與月亮的死生視爲一途，然後又將月亮的死生意義除去，（所以月亮神話失傳）認爲人類可以不死。這就是創造出來的文化，在半意識中將靈魂不死的原始信念弄得更活潑起來。

人是精神動物，但也有肉體，二者連合成一個單位，彼此可有很深切的影響，所以一個人，能將具體的東西抽象化，又能使抽象的東西與具體取連絡，將無形的靈魂觀念與月亮比擬，是一好證。那麼，我們即曉得，古人也會有抽象的觀念，而且抽象的東西在他們腦海中，可以和具體的東西一般確實，靈魂觀念和月體的存在性一般無二。人們對於月亮神話的遺忘，可以證明主要意義不在神話上。

既然演繹不死文化，乾脆即也向肉體不死上演繹，文化的演變是不客氣的，不然，月亮神話即似失掉一部分重要意義。

古人對於靈魂存在的觀念，不起於月亮神話，因爲在月亮神話形成以前，並且在該神話範圍以外，都有靈魂觀念，並且相信靈魂不死。

三、宗教的基礎

我們主張，依所存古籍而言，最早記仙事者爲山海經，經中不斷述及祭祀山神。雖然經中不明言不死與神相關，不明說山神使人不死，但山神的意義頗爲濃厚，而且以爲不死的來源，是吃月上的東西。但若將不死觀念只歸於月亮，似乎不能解說不死信念的眞義，因古人以月亮爲神，至少應將不死的觀念與月神連絡才對。古人也知道月亮沒有生命，因此以崑崙爲玄圃，以崑崙是一座山，並且上邊還有水。怎麼那邊的山水是那麼神秘美好？怎麼那裏是理想的樂園？如果不相信那裏是神的居處，即不會有那些奇妙幻想。神的居處是幸福的所在，所以趙簡子夢至帝所，聽得莫可言喻的好音樂。仙道文化似不欲拋棄莊子的論調，莊子天下篇：「上與造物者遊，而下與外死生無終始者爲友」，無終始外生死者當即月亮，造物者是至上神。又天地篇：「千歲厭世，去而上僊，乘彼白雲，至于帝鄉」。楚辭遠遊（筆者尙有專論）滿紙仙意，以仙者「入帝宮」。仙道文化並不欲與宗敎離開，抱朴子也屢言入山與山神有關係。仙道文化多言成仙方法，實因成仙不是易事。說神仙來迎並敎以修成方法，足以證明有神的需要，所謂神仙的確也是神靈的變相，因爲實際上沒有得仙不死的人。希望神仙幫助成仙，已證明需要神靈，仙境應當爲神的樂園，所以是絕妙仙境。仙道文化建築在宗敎上，但不多直接提說尋找至上神；因爲仙道不易，人們只追於研究方法。從原始資料可以看出不死文化與宗敎相關，原是神明令人不死。封禪合符則不死。

大荒南經：「有巫山者，西有黃鳥，帝藥八齋」。郭曰：「天帝神仙藥在此也」。仙藥說法原來與上帝相關，後來演爲人可以採得仙藥，或配合仙藥，但仙藥似乎只可在神話山中，封禪書：「而方士之候祠神人，入海求蓬萊」仙藥。又說蓬萊及神人與求仙相關。古人由神話仙藥尋求實際的仙藥；由神話仙山推到實際的山嶽，但尋求蓬萊和崑崙，猶有尋求神話仙山的遺意。無論如何，仙道與宗教相關，漢武帝因好長生，所以常祭名山大澤，以求神仙。

在仙道文化中，往往不直接提說宗教，這似乎當是因為求仙藥之難，把精神多用在求仙藥了。時代越古，似乎即越不需要人為的仙方，所以宗教彩色比較明顯，譬如，山海經明說崑崙為帝都，大家還多注意祭山神。

仙道不死之說與太陽神話無關，茲略述理由如左：

「天無二日」是中國古代北方的俗語；十個太陽之說是南方神話，婆羅洲有「八個太陽」神話。鑠金流石，草木燋死，都因為太陽太多。

太陽在古代神話中往往視為死神；因陽光一出，把星、月都「殺死」了。

當然，太陽神話也往往有好的意思，但因太陽沒有變換，這是它的神話在一些地帶不甚發達的原因，月亮的變換可以為神話啓發無數的思念。

太陽固然不死，但只有一個不死，尙不易發展不死觀念；不死神話的形成也需要反應，需要「死」的觀念來作反應，就像「富有」的觀念需要「貧窮」觀念來助成一樣。月亮有死，但死而復生，是不死神話的好依據。又月形的變換可以適合人對於幼年、少年、中年和老的想像。

至少依中國及南洋資料來看，多月亮神話，此種神話較太陽神話更原始，而且太陽神話興起後，有時直向月亮神話作剝奪，譬如，南洋及臺灣的 Kato，本指月亮或月神，但已演為日神，雖然有時尙指月亮或月神。漢朝的人有的把祝融（月神）演為太陽神。日中有三足鳥，本當為月亮神話，因「三」為月亮數字。雞三足（莊子天下篇）應為月亮神話。

月亮為不死象徵，使人不死的仙藥也與月亮有關係，古代巴比倫以為藥草之未見太陽者可為仙藥，故人在月光之下切藥草，使乾於月光中。

藉這機會也可以將道山的意義說明一下。

臺灣新生報（五十一年二月二十五）社論「敬悼胡適博士」說：「胡先生雖不幸遽返道山，但他卓越的思想學術，匡時愛國的忠誠，與完整的人格，仍留在人間」。蔣廷黻大使的唁電中說：「驚聞適之先生遽歸道山，噩耗傳來，痛悼莫名，謹電慰唁，尚祈節哀」。

什麼是道山？道山在那裏？為什麼道山是好地方？人們都以為道山準是好名詞，但似乎不求甚解。我們可以解釋一下。世說補排調：「世傳端明已歸道山，今尚游戲人間邪」？蘇軾詩：「道山蓬室知何在」？古人似乎已不明白道山為何。

按道山就是仙山，筆者已證明道山為月山，月亮不死，死而復生，希望歸返道山的人也不死，並且復生人間，弔唁逝世者的最好說法是希望他由死返生。道山是好地方，從古人對於宅的描寫可以看出來。在月神宗教文化中，人們並且以為道神在月亮居住，仙境很美好，因為是神靈的居處，與造物者遊當是在道山上的大幸福。

古人對於魂魄問題的發揮，也藉用月亮神話，不但中國如此，南洋 Batak 以前認為人死後到月亮去，這定是說的靈魂，因為肉體在墳墓中。

人有不死的精神體，這是仙道文化最基本的依據，至於說人在死後魂上天、魄下地，則是文化演變中又多一層說法了。

四、道教的本源

月亮神話或月神宗教是原始的宗教文化，中國古人的聰明把它發展為道教，當然先已發展為道家學派，尚沒有符籙，但道教與道家都有仙道的人生觀，不過道教作出了繁雜的演義而已。在建築方面有許多道觀，在領導方面有很多道士，在民衆方面有無數信徒，在文學方面有數千部道書，使中國文化大受影響，政治社會受影響，經濟生活也受影響，思想方面所受的影響，尤為人生哲學創立不少的基本成分。釋道二教曾互相排斥、互相利用；當時的道家似乎已作了些佛教傳來和發展的內應。老莊學說與印度宗教有些暗合處，不少學者認為老莊受印度影響，筆者則寧視雙方面當有原始時代共同文化的根據。印度的文化也多月亮神話，（依筆者見解，當無疑義）。

仙道文化是道教的一個主要思想，我們明白了仙道的意義，即可明白道教的主要思想，所以，筆者除了從「道」字的研究已證實道教基於月神宗教外，（見拙著中國古代宗教系統）今又從仙道文化再把以前的主張重新堅固一下，使主張變為穩固不搖的。為開發一個正確的新學說，（其實眞理無新無舊）我們已拿出充量的有系統證據。道教的本源是什麼，可以從仙道文化看得清楚。本書沒有直接研究道教，但已為有志研究道教者啓示了些正確基本的範疇。只寫一部「道教概說」或「中國道教史」（實有其書）似乎並不難，但推本求源並且將文化的系統意義揭示出來，似乎離不開新科學方法。道教是由道家演來，道家由原始文化演來，見得研究原始資料意義的重大了。

仙道是道教文化的重要範疇，將重要範疇解釋明白了，爲研究道教，實已事半功倍。道教的內容很繁雜，現在似乎已簡化了。

從本書研究的成功，似乎數千冊道藏可得解釋了。

北平白雲觀會交與上海涵芬樓五千五百冊道藏，道藏所收，除少數書與道家或道教關係不多外，大部分皆談道、仙、眞人，所以都在無意識中發揮了月亮神話，道藏的「道」字經筆者研究後，的確原指「月亮」。（見拙著中國古代宗教系統）

筆者只略略參用了道藏的資料，當然道藏的內容，（涵芬樓影印者）筆者已都瀏覽一遍，結果，覺得道藏的大部分都可以用原始的月亮神話或月神宗教作解釋，並且應當如此解釋。筆者沒有多解釋道藏，因爲本書的立意只欲簡單說明月山與仙道文化爲止，通盤研究道藏，是超過本書的目的。但是，順着我們解釋的方法，整個道藏的解釋已算提前的得到了。一個人學會了做飛機，雖然實際沒有做飛機，只做了一個玲瓏的小飛機，也算會做飛機了，本書就像一架小飛機，表示大型飛機的結構和小飛機一樣。道藏尙沒有得解釋，但是已可以得解釋了。

道教的一切理論，原來基於月亮神話或月神宗教，這種神話和宗教在原始文化中超出中國地面；中國人會發揚，所以把那套理論發揚了五千多冊。道教基於道家，只是將道家演變的繁雜起來。起始，我們只發現了一個「道」字的原義，（拙著中國古代宗教系統）這個「道」字意義的發現，竟然可解釋五千多本書，這就像那五千多本書只靠一個「道」字完成了一樣。利用道藏作仙道研究，大可著作幾百萬言。

當然，月神宗教和神話的影響，沒有完全藉道教的力量，道教以外，那種影響也瀰漫在人間。沒有那種影響的瀰漫，即沒有今日的中國文化，甚或也沒有今日的人類文化。即便是中國的儒家，在基本上，也與月神宗教有不可解脫的關係，（另文作證）只看易經一書已可明白。（見拙著易經原義的發明一書）。仙道文化，只是月神宗教向文化演變的一個方面，但這個方面也形成了燦爛的文化。爲明白中國文化的眞相，不要怕稽古工作。

仙道似乎與儒家無關，但事實不盡如此。

儒家的學說，窮則獨善其身，達則兼善天下。仙者棄世，是要獨善其身，獨保性命之眞，享受幸福的長生，這是沒有濟世濟人的心了，但這就是道家的學說，他們連父母妻子都拋棄了，甚至連自己能享受的榮華富貴也拋棄了，當然也無暇再講究濟世。班志：「神僊者，所以保性命之眞，而游求於其外者也，聊以盪意平心，同死生之域，而無怵惕於胸中」。

月亮神話似乎已夾雜於中國有史以來的最初文獻中。這種神話和宗教當然不只談修仙的事，而且山海經中的仙意似乎尙不專爲道家文化，起始的儒家不但受月神宗教的影響，還似乎也渲染了修仙文化。在道家出來後才漸走向人文主義，讓道家去發展仙意，雖然儒家的人文並沒有將月神宗教成分涮洗乾淨。漢朝的儒家又似有些向該宗教文化回彈的意思。章太炎先生也以儒家與道家有基本關係。我們早已主張儒家注重月亮的陽面，（拙著易經原義的發明）道家注重陰面，（並見拙著易經原義一書）今觀 Joseph Needham 也說：“One might say that Tadism was a yin thought-system and Confucianism a yang one.” (Needham II p. 139) 可惜他不知道陰陽的原意，更談不到仙道的原意了。

五、結論

科學方法的重要性，是很明顯的。崑崙文化與不死的仙道觀念，是兩個難解的文化集體；但若看二者的密切關係，也可以說是一個文化集體，這個文化集體，包括不少的資料，這些資料，自來未得到解釋。自山海經成書以後，歷代學者，只知演述古傳，人云亦云，沒有明瞭的意識；講求仙道的人生觀者，也在黑暗中摸索，不知道自己所作的果爲何事。近代學者雖方法進步，但對於崑崙問題的解釋未得要領；對於仙道觀念的究竟，似乎無問津者，徒使繁多的資料在古籍中僵硬堆積，不得生氣。如果本書解釋的得當，則那些不得生氣的資料似乎又栩栩然活躍起來，再向新生命方面發展。

筆者以爲中國書中，應當以月亮神話解釋者尙不止此，本書只解釋了不大的一部分，但似乎已抓住要領。筆者應坦白承認，如果研究古書略有些微的成功，是從學習文化人類學來的。中國文化與外族的關係，不應忽略。中國古書資料往往有原始文化的根據，也是當注意的。有時原始文化中的些須資料，在中國得到驚人的發揚，仙道文化是其一例。

中國古代人有發揚的天才，所以創造了高度文化，但我們不能說只有中國有長生不死之說，因爲除了本書所引的一些南洋和澳、非二洲的相關資料外，還有別的資料，譬如：Helmuth v. Glasenapp 著有 Unsterblichkeit und Erlösung in den indischen Religionen, Halle, 1938, 72 S. 第一章論不死觀念 als Verlängerung des Erdenlebens und als Fortleben nach dem Tode.

本書對國學難題解釋的成功，有賴於原始資料，將那原始資料運用在解釋仙道文化上似乎非常得當。

如果許可的話，本書的論證可以叫作發明，爲中國古代文化和思想研究開闢了新路線；月神宗教或月亮神話資料，佔了中國古籍內容的不少部分。

人類都有宗敎思想，這種思想往往藉文化的發展來表達，「崑崙文化與不死觀念」有原始宗敎上的根據；研究古代精神文化，似乎離不開研究宗教與神話。

國家圖書館出版品預行編目資料

崑崙文化與不死觀念

杜而未著. — 三版. — 臺北市：臺灣學生，2016.10 印刷
面；公分

ISBN 978-957-15-1716-2 (平裝)

1. 中國神話 2. 宗教文化

282　　105018388

崑崙文化與不死觀念

著作者：杜而未
出版者：臺灣學生書局有限公司
發行人：楊雲龍
發行所：臺灣學生書局有限公司
臺北市和平東路一段七五巷十一號
郵政劃撥戶：〇〇〇二四六六八號
電話：（〇二）二三九二八一八五
傳眞：（〇二）二三九二八一〇五
E-mail:student.book@msa.hinet.net
http://www.studentbook.com.tw
本書局登記證字號：行政院新聞局局版北市業字第玖捌壹號
印刷所：長欣印刷企業社
新北市中和區中正路九八八巷十七號
電話：（〇二）二二二六八八五三

定價：新臺幣三〇〇元

一九七七年五月初版
二〇一六年十月三版二刷

28205

ISBN 978-957-15-1716-2 (平裝)